REINHARD MARX

Freiheit

REINHARD MARX

Freiheit

Kösel

Verlagsgruppe Random House FSC® N001967

2. Auflage 2020
Copyright © 2020 Kösel-Verlag, München,
in der Verlagsgruppe Random House GmbH,
Neumarkter Str. 28, 81673 München
Umschlag: Weiss Werkstatt München
Umschlagmotiv: © Kna/Harald Oppitz, Bild Nr. 170 213–93-000 125
Satz: Satzwerk Huber, Germering
Druck und Bindung: Friedrich Pustet GmbH & Co. KG, Regensburg
Printed in Germany
ISBN 978-3-466-37261-4
www.koesel.de

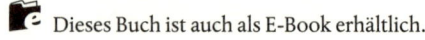 Dieses Buch ist auch als E-Book erhältlich.

Inhalt

Ich bin so frei!

Können wir eigentlich mit dem Begriff »Freiheit« wirklich etwas anfangen? Allzu oft verbinden wir dieses Wort mit Träumen von einem freien Leben, wie es uns etwa in der Werbung vorgegaukelt wird. Freiheit wird oft mit Freizeit identifiziert. Viele wünschen sich verständlicherweise, dem Zwang des Alltags entfliehen zu können in ein (arbeits-)freies Wochenende, das aber allzu oft auch in Stress und in selbstgesetzten Grenzen abläuft. Der Begriff »Freiheit« fasziniert und lädt ein, Grenzen zu überschreiten, all das zu tun, was ich mir immer schon gewünscht habe. Und da wird diese Suche nach der Freiheit zuweilen »ersetzt« durch Unterhaltung und Zeitvertreib. Ein Beispiel dafür ist das Internet, das World Wide Web mit seinen unendlichen Weiten; also im Grunde ein Freiheitsraum ohne Grenzen, der aber dennoch nicht unbedingt und von alleine zu einem selbstbestimmten freien Leben führt, sondern auch wiederum Zwänge und Engführungen mit sich bringt. Man kann – ohne allzu pessimistisch sein zu wollen – sogar Zeit und sich selbst darin verlieren.

Mit diesen und anderen Assoziationen wird das große Wort »Freiheit«, eines der zentralen Worte des menschlichen Lebens, leicht unter Wert gehandelt. Das birgt die Gefahr, Freiheit klein zu denken und vielleicht sogar Freiheit zu verlieren. Doch Freiheit ist viel mehr! Darum lohnt es sich, nachzudenken und den Horizont zu weiten, um der Freiheit näher zu kommen.

Grenzen sind nicht
das Ende der Freiheit

Ja, Freiheit gehört zum zentralen Vokabular der Neuzeit und der modernen Welt. Und es gehört auch zur biblischen Tradition und zum Selbstverständnis des christlichen Glaubens. »Zur Freiheit hat uns Christus befreit«, sagt der Apostel Paulus (GAL 5,1). Wenn man einem Christen begegnet, sollte man den Eindruck haben: Sieh an, ein freier Mensch!

Als Heranwachsender habe ich mich wie viele andere in diesem Alter an Grenzen gestoßen. Vor allem daran, die Grenzen der eigenen Möglichkeiten – etwa bestimmte Ziele in der Schule oder in der Jugendarbeit – nicht überschreiten zu können. Ich war auch unzufrieden damit, meine sportlichen oder auch musikalischen Fähigkeiten doch als sehr begrenzt zu erleben. Daneben trat mir immer stärker die Sprache der Freiheit vor Augen, die ich in den Texten der Bibel fand. Aber auch in den Debatten des Alltags. Irgendwie ließ mich diese Spannung nicht los, innerlich einen Raum großer Möglichkeiten entfalten zu wollen und zugleich die äußeren Grenzen zu erfahren, die das unmöglich machten.

Was in Gesellschaften geschieht, ist in analoger Weise ja auch ein Prozess der eigenen Selbstfindung. Und es braucht eben Entwicklung und Nachdenken und Reifung, um zu begreifen, dass Grenzen nicht das Ende der Freiheit sind und dass Freiheit tiefer zu verstehen ist. Aber erst zu Anfang meiner Schulzeit und dann besonders während des Studiums der Philosophie und der Theologie ist mir immer stärker bewusst geworden, dass das neuzeitliche Freiheitspathos und der christliche Freiheitsbegriff auch in Spannung zu sehen sind. Und doch schien mir ebenso eine Korrelation zu bestehen, eine

Bezogenheit aufeinander. Beides hat eng miteinander zu tun und hat sich dennoch auseinanderentwickelt. Im Lauf der Jahre stellte sich mir immer mehr die Frage, ob nicht dieses Spannungsverhältnis, ja dieses Auseinanderfallen der christlichen Idee von Freiheit und der modernen Vorstellung von Befreiung zu manchen negativen Entwicklungen in Gesellschaft und Kirche geführt haben und weiterführen können. Die Frage hat mich nicht losgelassen, und deshalb bin ich in meiner Dissertation ganz grundsätzlich dem Wechselverhältnis von Kirche und Gesellschaft nachgegangen und habe deutlich gesehen, dass die Veränderungen der Gesellschaft auch Fortschritte mit sich bringen, die von der Kirche rezipiert werden können und müssen. Diese Auseinandersetzungen und gegenseitigen Beeinflussungen finden natürlich auf verschiedenen Ebenen statt in Entwicklungsprozessen, die Zeit brauchen. Dabei ist das Konzept der Freiheit ein wichtiger Kristallisationspunkt für die politischen und gesellschaftlichen Entwicklungen, aber auch für das Leben, den Glauben und die Gestalt der Kirche.

Am Wendepunkt der Freiheitsgeschichte

Die Geschichte der Kirche zeigt allerdings, dass sie keineswegs immer auf der Seite der Freiheit gestanden hat; ebenso wie sich auch die Freiheitsbewegung erst im Laufe der Jahrhunderte herauskristallisieren musste. Aber immer wieder gab es – gerade auch in der europäischen Geschichte – Freiheitsimpulse mit christlichen Wurzeln, die sich je durch verschiedene Bewegungen, Gruppen, politische Ideen auf das Evangelium, auf die Heilige Schrift, auf die Gestalt Jesu berufen haben.

Aber war für die Christen das Wort und der Begriff »Freiheit« grundsätzlich ein positiver, ermutigender Horizont, auf den man sich einlassen sollte?

Bis in meine Kindheit und Jugendzeit hinein (und zeitweilig auch noch bis heute) erscheint in Predigten und Hirtenworten von kirchlichen Amtsträgern die Freiheit als etwas Gefährliches und Suspektes. In der Kirche selbst und in kirchennahen Milieus kam leicht der Gedanke ins Wort und ins Bewusstsein, es handle sich bloß um Beliebigkeit, Ungebundenheit, Autonomiestreben des Menschen, der sich gegen Gott stellt. Mit dem Zweiten Vatikanischen Konzil kam eine neue Diskussionsbereitschaft auf. Aber die letzten Jahrzehnte und auch aktuelle Auseinandersetzungen zeigen an, dass bei vielen in der Kirche eine Skepsis gegenüber der Freiheit geblieben ist, ja sogar eine Furcht vor der Freiheit, weil sie ja den Menschen einlädt, seine von Gott gegebenen Grenzen zu überschreiten, so wie ich – und andere auch – es als Heranwachsende gesehen haben.

Manche spitzen die Diskussionen sogar auf die Frage zu, ob die Freiheit über der Wahrheit oder die Wahrheit über der Freiheit steht. Meines Erachtens führt eine solche Zuspitzung jedoch nicht wirklich weiter und klärt auch nicht auf. Eine solche Debatte geht zu stark von einem eher negativen, skeptischen, ja pessimistischen Menschenbild aus, und damit von einem negativ geprägten Freiheitsbegriff.

Als ich 1996 Weihbischof in Paderborn wurde, habe ich mir einen Wahlspruch gesucht, der mich durch meinen Dienst als Bischof begleiten soll und mich auch persönlich charakterisiert. Mir kam sofort ein Wort aus dem Zweiten Korintherbrief in den Sinn: »Wo aber der Geist des Herrn wirkt, da ist Freiheit« (2 KOR 3,17). War das Thema schon vorher wichtig für mich, so ist es seitdem einfach ein Teil meines Denkens und

Wirkens geworden: Ich bin so frei! Und ich möchte ein freier Mensch sein.

Seitdem habe ich den Wunsch, der Frage nach der Freiheit in der Auseinandersetzung zwischen theologischen und gesellschaftlichen, politischen und philosophischen Fragestellungen intensiver nachzugehen. Kann der »Bruch« zwischen christlichem Freiheitsverständnis und moderner Freiheitsidee geheilt werden? Oder wenigstens zu einem produktiven Spannungsverhältnis weiterentwickelt werden und so vielleicht sogar zu einem »Auf-Bruch« werden?

Wir stehen in unseren Tagen vielleicht an einem Wendepunkt der Freiheitsgeschichte. Es scheint mir nicht entschieden zu sein, ob wir eine Kultur der Freiheit bewahren und weiter entwickeln im Blick auf alle Menschen, oder ob wir einen Weg einschlagen, der in autoritäre, vielleicht sogar totalitäre Modelle zurückführt, die die Freiheit ideologisch unterhöhlen. Es gibt eine Furcht vor der Freiheit, die auch die Versuchung birgt, sich der notwendigen Mühe, die das Projekt der Freiheit und einer freien Gesellschaft erfordern, zu entziehen. Manche sprechen von einer weltweiten Krise der Idee des Liberalismus, wie etwa Jan-Werner Müller in seinem Essay »Furcht und Freiheit«.[1]

Ich bin überzeugt: Für Kirche und Gesellschaft entscheidet sich an dieser Frage vieles. Es geht dabei nicht um die Zukunftsfähigkeit der Kirche im Sinne einer Anpassung des Glaubens an den Zeitgeist. Davon halte ich selbst nichts, doch das sind ja auch nur schemenhafte Schattenkämpfe. Gleichwohl geht es nicht an, die Freiheitsgeschichte der modernen Welt als Irrweg zu verdammen oder gar als Bedrohung des Glaubens und der Kirche zu sehen.

Es geht darum, die Sprache des Glaubens und die Worte der Theologie im Kontext der Freiheit neu auszusagen, ohne dass die Substanz und was an Bedeutungsgeschichte seit 2000 Jahren in diesen Worten und im Glauben niedergelegt wurde, eingebüßt werden. Gerade im Blick auf die Freiheit geht es mir um eine Vertiefung des Glaubens, um eine Intensivierung unseres Denkens darüber, was christliche Existenz ausmacht und um ein neues Staunen über Gott, das absolute Geheimnis.

Eines sage ich gleich vorweg: Die Kirche selbst muss Inspiration sein für eine verantwortliche Freiheit – für eine Freiheit, die den Menschen öffnet, sogar über das Irdische hinaus. Das kann aber nur gelingen, wenn die Freiheitsbewegungen in der Menschheitsgeschichte selbst auch zur Inspiration für die Kirche und den Glauben werden, wenn wir also – theologisch gesprochen – das Wirken des Geistes auch außerhalb des sichtbaren Gefüges der Kirche wahrnehmen und anerkennen. Das erfordert Mut! Es erfordert Glaubenszuversicht und intellektuelle Anstrengung, vor allem jedoch die grundlegende Bereitschaft zum echten Dialog und zum Lernen.

Warum erfordert es Mut? Warum fordert es die Kirche heraus? Weil Dialog und Lernen und eine Offenheit für den Geist, den wir nicht beherrschen und dirigieren können, bedeuten, sich verändern zu wollen, nicht bei dem zu bleiben, was immer war, sondern sich für die Möglichkeiten Gottes zu öffnen und auch das eigene Reden und Handeln immer wieder in Frage zu stellen.

Beim Thema Freiheit kommt auf verschiedenen Ebenen – individuell und gesellschaftlich – ganz vieles ins Spiel: das Verständnis vom Menschen, die Idee von Gott, die Frage des guten Lebens, das Verhältnis von Freiheit und Wahrheit, die Zukunftsfähigkeit einer offenen und freien Gesellschaft, denn immer stärker wird deutlich, dass auch eine freie Gesellschaft die Gottesidee nicht einfach zu den Akten legen kann und sollte. Ob die Freiheit des Menschen – und zwar universal – wirklich bewahrt, gefördert, entwickelt und geschützt werden kann, ohne dass es auch den Raum und die Stimme gibt für den Glauben an Gott, den Schöpfer und Vater aller Menschen? Diese Gedanken formulieren auf ihre eigene Weise auch gerade Nichttheologen. Ich weise nur hin auf Charles Taylor und sein großes Werk »Ein säkulares Zeitalter« (2009) und auf Jürgen Habermas, der sich mit den Fragen in vielen Texten der letzten Jahre beschäftigt hat und auch aktuell im umfangreichen Werk »Auch eine Geschichte der Philosophie« (2019).

Freiheit ist
der Kern des Menschen

Je länger ich nachdenke über Freiheit, umso weiter und vielschichtiger entfaltet sich das Thema. Was ich deshalb mit diesem Buch vorlege, ist ein Versuch: ein Essay, der von persönlichen Überlegungen ausgeht, in dem ich meine Positionen noch einmal auf den Prüfstand stellen will, der zugleich aber auch in der tiefen Sorge gründet, dass wir einen ernsthaften Dialog über die Freiheit führen müssen, um der Zukunft unseres Gemeinwesens willen, aber auch um der Zukunft des Glaubens und der Kirche willen. Vor allem aber ist die Freiheit lebensnotwendig für den Menschen, und jede Anstrengung für die Freiheit ist sinnvoll und entspricht dem Auftrag des Evangeliums. Die Freiheit ist sozusagen der innere Kern des Menschseins, der Gottebenbildlichkeit des Menschen, und steht auch im Mittelpunkt, wenn es darum geht, das Verhältnis zwischen Gott und Mensch zu klären.

In diesem Zusammenhang will ich an den Jesuiten-Pater Alfred Delp erinnern, der am 2. Februar 1945 im Alter von 37 Jahren in der Hinrichtungsstätte Berlin-Plötzensee gehängt wurde und dessen Leiche anschließend verbrannt wurde. Seine Asche wurde in alle Winde verstreut. Die Nationalsozialisten haben diesen jungen Mann nicht nur getötet, sie wollten sicher sein, dass sich niemand mehr an ihn erinnert. Kein Grab, keine Erinnerungsstätte! Aber dieser boshafte Plan ist nicht aufgegangen: Pater Delp ist nie vergessen worden, und wir werden ihn nie vergessen! Bis heute sind viele Menschen beeindruckt von seiner Klarheit, seiner geistigen Tiefe und auch seinem Mut, mit dem er in Reden und Predigten, in Texten und Gesprächen immer wieder deutlich gesagt hat, dass die Ideologie des Nationalsozialismus dem christlichen Glauben fundamental entgegensteht.

Als nach dem Krieg Geborener kann ich aus meiner heutigen Warte wohl kaum ermessen, welche Kraft und welches Gottvertrauen eine solche Haltung in dieser Zeit bedeutete. Alfred Delp war nicht nur als Mensch gefestigt, verwurzelt, sondern wirklich von einem tiefen Glauben und Vertrauen in Gott getragen. Ein besonders starkes Zeugnis davon gibt ein Text, den Delp am 6. Januar 1945 im Gefängnis mit gefesselten Händen geschrieben hat. Darin heißt es:

»*Der Mensch muss frei sein. Als Sklave, in Kette und Fessel, in Kerker und Haft verkümmert er. Über die äußere Freiheit hat sich der*

*Mensch viele Gedanken und Sorgen gemacht. [...] Das Schlimme
ist, dass der Mensch sich an die Unfreiheit gewöhnt und selbst die
ödeste und tödlichste Sklaverei sich als Freiheit aufreden lässt.
In diesen Wochen der Gebundenheit habe ich dies erkannt, dass die
Menschen immer dann verloren sind und dem Gesetz ihrer Umwelt,
ihrer Verhältnisse, ihrer Vergewaltigungen verfallen, wenn sie nicht
einer großen inneren Weite und Freiheit fähig sind. Wer nicht in einer Atmosphäre der Freiheit zu Hause ist, die unantastbar und un-
berührbar bleibt, allen äußeren Mächten und Zuständen zum Trotz,
der ist verloren. Der ist aber auch kein wirklicher Mensch, sondern
Objekt, Nummer, Statist, Karteikarte.
Dieser Freiheit wird der Mensch nur teilhaft, wenn er seine eigenen
Grenzen überschreitet. [...] Die Geburtsstunde der menschlichen
Freiheit ist die Stunde der Begegnung mit Gott.«*[2]

Diese Worte sind stark und unmittelbar überzeugend. Sie klingen nach einer fast übermenschlichen Kraft und einem Vertrauen in das Leben und in den Ruf Gottes, gerade in dun-
kelster Stunde. Mich ermutigen diese Worte, immer wieder
der Freiheit wirklich zu trauen. Denn die Freiheit ist es ja gerade, die den Menschen zum Ebenbild Gottes macht. Diese
Freiheit anzunehmen, die die eigenen Grenzen überschreitet und das eigene Leben in verantwortlicher Freiheit gestaltet, und eine solche Freiheit in gleichem Maße für alle
anderen Menschen zu wollen und auch dafür mit klarer
Stimme einzutreten, das ist die größte Gabe und Aufgabe unseres Lebens.

Deshalb dieses Buch: Ich will damit zu der wirklich notwendigen komplexen und auch komplizierten Debatte über Freiheit mit anregen und zum kritischen Weiterdenken aufrufen.

Bitte seien Sie so frei und lassen Sie Ihrem Denken einen großen »Frei-Raum«.

Gott ist frei

Ab wann können wir in der langen Evolutionsgeschichte der Erde und der Menschheit vom Menschen sprechen? Darüber wird auch in vielen wissenschaftlichen Projekten geforscht. Was wir für gewöhnlich »homo sapiens« nennen, hat doch wesentlich mit dem Gedanken der Freiheit zu tun. Das eigene Leben zu führen, Entscheidungen zu treffen, sich zu sich selbst zu verhalten, Verantwortung zu übernehmen, in die Zukunft zu schauen, verschiedene Möglichkeiten abzuwägen – all das sind Grundelemente der Freiheit. Menschsein und Freisein gehören also in gewisser Weise zusammen.

Freiheit verbinden wir schlechthin mit dem Menschsein. Andere Lebewesen können wir uns kaum oder auch gar nicht als frei und verantwortlich vorstellen. Natürlich gibt es auch hier neuere Erkenntnisse, etwa in der Gehirnforschung, in der Anthropologie; es gibt scheinbar Vorstufen auch im Tierreich, die auf Freiheit und Verantwortung, auf Solidarität und Kooperation hinweisen. Aber ich denke, es bleibt dabei, dass wir an einer grundsätzlichen Verschiedenheit vom Menschen im Vergleich zu anderen Lebewesen festhalten können. Gleichwohl lenkt die Forschung in diesen verschiedenen Disziplinen, aber auch die ganz aktuelle Diskussion um die umfassende ökologische Ausrichtung unseres Lebens, unseren Blick wieder stärker auf die uralte Erkenntnis, wie sehr die Existenz der Menschen mit der gesamten Schöpfung verbunden ist. Es wird klar, dass wir das Menschsein in einem größeren Zusammenhang sehen müssen. Das gilt nicht nur im Sinne einer Verantwortung des

Menschen für die Schöpfung. Sondern es ist ganz grundlegend die Erkenntnis gewachsen, dass die Menschen selbst Teil dieser Schöpfung sind, innerlich verwoben und verbunden mit der Natur, mit den Geschöpfen, mit allem, was lebt, wie es Papst Franziskus in seiner Enzyklika »Laudato si'« (LS) unterstreicht:

> »Es ist nicht überflüssig zu betonen, dass alles miteinander verbunden ist. Die Zeit und der Raum sind nicht voneinander unabhängig, und nicht einmal die Atome und die Elementarteilchen können als voneinander getrennt betrachtet werden. Wie die verschiedenen physikalischen, chemischen und biologischen Bestandteile des Planeten untereinander in Beziehung stehen, so bilden auch die Arten der Lebewesen ein Netz, das wir nie endgültig erkennen und verstehen.« (LS 138)

Deshalb kann aus der biblischen Schöpfungserzählung für den Menschen, auch wenn er eine besondere Stellung in der Schöpfung einnimmt, gleichwohl keine Berechtigung zur absoluten und willkürlichen Herrschaft über die Schöpfung gefolgert werden. Denn, so noch einmal Papst Franziskus, die Wirklichkeit ist nicht in einen »bloßen Gebrauchsgegenstand und ein Objekt der Herrschaft zu verwandeln.« (LS 11)

Die Gefahr der Hybris

Gelegentlich wird schon darauf verwiesen, dass das Anthropozän zu Ende sei und wir uns von diesem auf den Menschen konzentrierten Blick lösen müssten. Aber muss die »Sonderstellung« des Menschen zwangsläufig zu den oft beklagten neuzeitlichen Verwerfungen führen, die aus der Sendung, aus dem Auftrag des Menschen, die Welt zu gestalten, ein

Unterwerfungs- und Ausbeutungsnarrativ gemacht haben? Der überzogene Freiheitsgedanke im Blick auf den Menschen, der eine unbeschränkte Autonomie ermöglicht und ihm die ganze Schöpfung als »Objekt der Beherrschung« zuordnet, hat zu Recht Kritik und Widerstand hervorgerufen.

Diese Kritik prägt auch die Umwelt- und Klimaschutzbewegung bis heute und war schon in den politischen Anfängen der 70er-Jahre präsent. Ich will nur an ein Buch erinnern, das seinerzeit für Schlagzeilen sorgte und rasch so etwas wie ein Klassiker der Umweltliteratur wurde: Herbert Gruhl hat 1975 unter dem Titel »Ein Planet wird geplündert. Die Schreckensbilanz unserer Politik« einen Bestseller verfasst, der unter anderem die frühen Analysen des »Club of Rome« aufgriff. In meiner Zeit als Direktor des Sozialinstituts »Kommende« in Dortmund habe ich Herbert Gruhl zu Veranstaltungen eingeladen und die Diskussionen mit ihm in lebendiger Erinnerung. Auch Papst Franziskus fragt in »Laudato si'« nach der Krise und den Auswirkungen des modernen Anthropozentrismus und greift dabei auf den Religionsphilosophen und Theologen Romano Guardini (1885–1968) und sein Werk »Das Ende der Neuzeit« (1950) zurück:

»Der moderne Anthropozentrismus hat schließlich paradoxerweise die technische Vernunft über die Wirklichkeit gestellt, denn ›dieser Mensch empfindet die Natur weder als gültige Norm noch als lebendige Bergung. Er sieht sie voraussetzungslos, sachlich, als Raum und Stoff für ein Werk, in das alles hineingeworfen wird, gleichgültig, was damit geschieht.‹« [Guardini, Das Ende der Neuzeit]

Auf diese Weise wird der Wert, den die Welt in sich selbst hat, gemindert. Wenn aber der Mensch seinen wahren Platz nicht wiederentdeckt, missversteht er sich selbst und widerspricht am Ende seiner eigenen Wirklichkeit.

»Nicht allein die Erde ist von Gott dem Menschen gegeben worden, dass er von ihr unter Beachtung der ursprünglichen Zielsetzung des Gutes, das ihm geschenkt wurde, Gebrauch machen soll. Sondern der Mensch ist sich selbst von Gott geschenkt worden; darum muss er die natürliche und moralische Struktur, mit der er ausgestattet wurde, respektieren.« [Centesimus annus]

Auch von daher rührt der Gedanke, dass der Freiheit Grenzen gesetzt werden müssen, damit sie nicht zur Beliebigkeit und zur Hybris führt. Von Anfang an wird der Begriff der Freiheit begleitet von der Vorstellung, Freiheit ordnen und begrenzen zu müssen. Mir scheint, dass die Idee des freien Menschen heute vor allem von zwei Seiten unter Druck gerät: zum einen aus anthropologischen Ansätzen, die wissenschaftlich erweisen wollen, dass der Mensch im Grunde nur ein »intelligentes Tier« sei und das Pathos der Freiheit eine Illusion. Die andere kritische Bewegung kommt eher aus dem Bereich der Sozialwissenschaften und der Pädagogik und betont, wie sehr der Mensch doch Produkt seiner Umgebung, seiner Erziehung oder auch der Klassenverhältnisse sei, wenn man den marxistischen Ansatz hier erinnern will. Und dann fragt die Hirnforschung, wie das alles in diesem Zentralorgan des Menschen verarbeitet und in Handlungsperspektiven und Wahlmöglichkeiten umgesetzt wird.

Diese Diskussion spiegelt sich auch wider in der altbekannten Frage, wieviel in uns genetisch vorbestimmt und wieviel durch Erziehung oder dann auch durch eigene Entscheidung, die wirklich frei ist, gestaltet werden kann. Ein Ende dieser Debatten ist, soweit ich sehe, nicht absehbar.

Aber der Begriff »Freiheit« ist nun einmal in der Welt und keine leere Worthülse, wie unser täglicher Umgang mit der Freiheit zeigt. Trotz aller Anfragen, die sich aus verschiedenen Denkrichtungen ergeben, scheint eine Grundbedeutung von Freiheit unmittelbar einleuchtend zu sein: Ein wirklich gutes Leben, ein Leben, das unserer Idee von Glück und Gelingen entspricht, ist ohne Freiheit nicht vorstellbar. Wir empfinden zu Recht eine Störung, eine Beeinträchtigung unserer Lebensentfaltung, wenn andere über uns bestimmen, wenn wir gezwungen werden, Dinge zu tun, die wir nicht tun wollen, wenn wir erfahren, dass wir etwas tun möchten, das uns versperrt bleibt, wo Weg und Tür verschlossen sind. Und wir spüren unmittelbar, dass unsere Freiheitsbestrebungen von zwei Richtungen geprägt sind: einmal von dem Wunsch, von Ängsten, von Belastungen, von Störungen befreit zu werden – also die »Freiheit von«. Zum anderen von der positiven Aussicht, etwas tun zu wollen, etwas erreichen zu wollen, sich einzubringen, zu gestalten – eben die »Freiheit zu«.

Teilhabe an
der Freiheit Gottes

Die Idee der Freiheit rührt in der Theologie an den Kern der Vorstellung von der Gottebenbildlichkeit des Menschen, wie es im ersten Buch der Bibel, in der Genesis, dargestellt wird. Ganz am Anfang stehen dort eigentlich zwei Schöpfungsberichte, die sprachlich ineinander verwoben sind und die durch die Bibelwissenschaft aufgeschlüsselt werden können.

Der sogenannte erste Schöpfungsbericht (GEN 1) erzählt die Erschaffung der Welt und des Menschen in einem großen Hymnus, einem Lied in sieben Strophen, jeweils eine Strophe für jeden Tag der Schöpfung. Dieser erste Schöpfungsbericht ist später verfasst als der sogenannte zweite Schöpfungsbericht (GEN 2–3), in dem es in erzählerischer Weise um die Erschaffung des Menschen, das Paradies und den Sündenfall geht. Der erste Schöpfungsbericht verbindet die Erschaffung des Menschen mit einer zweifachen Aussage: einerseits wird auf die Gottebenbildlichkeit hingewiesen, andererseits auf den Auftrag, die Welt zu beherrschen. Ein ganz zentraler Begriff der menschlichen Vorstellung von Gott ist der Gedanke der Freiheit, der in der Schöpfung gründet, denn: Gott hat in völliger Freiheit und Souveränität die Welt und den Menschen erschaffen. Es gibt keinen Zwang, keine unerbittliche Notwendigkeit zur Schöpfung. Sondern: Gott ist frei! Und der Schöpfungsbericht greift den Gedanken auf, dass der Mensch teilhaben kann an dieser Freiheit Gottes, zu schaffen, aufzubauen, zu sorgen und zu leiten, zu behüten und zu gestalten.

Der Kern der Gottebenbildlichkeit des Menschen und damit der Würde des Menschen ist die Freiheit. Der zweite Schöpfungsbericht ergänzt ganz zu Recht die enge Verbundenheit des Menschen mit der ganzen Schöpfung: Der Mensch gibt den Tieren Namen, ernährt sich vegetarisch und wohnt in einem Garten, der durch Arbeit gestaltet werden kann; und der Mensch selbst kommt aus dem Erdreich, aus der Schöpfung, wenn auch der Geist des Lebens in ihn eingehaucht wird.

Die Bibel stellt somit von Anfang an klar: Die Freiheit ist ein Geschenk und eine Aufgabe, eine Gabe und eine Sendung. Gott ist also nicht nur frei, sondern Gott macht frei. Er will freie Menschen. Diese Perspektive mag manche irritieren, für die Religion leider oft nicht mit Freiheit verbunden ist, sondern mit Unfreiheit. Die Schöpfungsgeschichte endet ja auch mit der Erkenntnis, dass der Mensch vor dem Anspruch einer verantwortlichen Freiheit versagt hat.

Und die Realität der Menschheitsgeschichte sieht ja auch anders aus und ist eben nicht nur ein Zeugnis der Freiheit. Die Menschheit kennt die Erfahrung der Sünde, der Ausbeutung, der negativen Machtentfaltung, der Beherrschung der einen durch die anderen. Mit dem Schöpfungsbericht der Bibel ist auch das Konzept der Ur-Sünde verbunden, dass an sich auch einem nicht-gläubigen Menschen schlüssig erscheinen kann. Dazu müssen wir nur die Welt anschauen, dann sehen wir, wieviel Unfreiheit es gibt und wie wirkmächtig seit dem Anfang die offensichtlich im Menschen steckende Versuchung ist, andere zu beherrschen, auszubeuten, zu benutzen und zu erniedrigen. Auch ein Agnostiker kommt um diese Erkenntnis kaum herum. Da ist etwas im Menschen, das die Möglichkeit zur Freiheit versperrt, ja sogar pervertiert und verrät.

Die Notwendigkeit zu entscheiden

Auch hier zeigt sich: Freiheit hat zwei Seiten – die Freiheit für etwas und die Freiheit von etwas. Und es wird deutlich: Freiheit ist ein Weg, ein Prozess. Freiheit unterliegt einer Dynamik, ist nicht ein für alle Mal gegeben, sondern ständige Herausforderung. Sich von dem, was belastet, zu befreien, sich einzusetzen für die Befreiung von Menschen, die unter Zwang und Unrecht leiden, und die Entscheidung, in Freiheit das Gute zu wählen, auch wenn es etwas kostet und Mühe macht, all das ist ein ständiges Bemühen. Das spiegelt sich in der großen biblischen Tradition, aber auch in der abendländischen Philosophie wider.

Für beide große Denk-Bewegungen, die unsere Kultur zutiefst geprägt haben, kann das richtige, das gute Leben nur gefunden werden, wenn der Mensch die Kraft findet, sich in Freiheit gegen das Böse, gegen die Sünde und für das Gute, für ein Leben in Verantwortung zu entscheiden. Unausgesprochen ist von Anfang an die Linie vorgegeben, dass das gelingende, glückliche, gute Leben ohne Freiheit nicht denkbar ist, und dass die Freiheit immer wieder nicht wirklich zu sich selber kommt, dass sie sich nicht immer für das Gute, für die Verantwortung, für die Freiheit des Anderen öffnet und damit letztlich für die Liebe.

Nach der großen philosophischen und christlichen Tradition des Abendlandes kann also das vom Menschen angestrebte gute Leben nur gefunden werden in der Freiheit, sich selbst für das Gute zu entscheiden. Und die Freiheit findet ihren Zielpunkt in der Liebe. Freiheit kann also letztlich nur als verantwortliche Freiheit gelebt werden.

Nicht in jeder einzelnen Entscheidung unseres alltäglichen Lebens steht immer auch das Ganze auf dem Spiel, nicht immer geht es gleich um das Große und Endgültige des guten Lebens. Aber auch in jeder Einzelentscheidung geht es um die Grundorientierung und Ausrichtung des eigenen Lebens auf das Gute hin. Das ist nicht einfach deterministisch vorgegeben, sondern eine Entscheidung in Freiheit. Diese Grundorientierung ist so etwas wie das Koordinatensystem für die vielen Einzelentscheidungen.

Nun könnte man einwenden: Was hat es mit den äußeren Bedingungen auf sich, die die Möglichkeit zur Freiheit einschränken oder gar nehmen? Diese Frage steht am Anfang aller Freiheitsbewegungen in der langen Menschheitsgeschichte. Die »Freiheit von« wird zum Auftrag, sowohl im persönlichen Ringen wie auch im gesellschaftlichen und politischen Engagement, sich zu befreien von äußeren Zwängen, von Beeinträchtigungen der Freiheit, die als dem guten Leben hinderlich erscheinen. Dabei sind immer wieder die verschiedenen inneren und äußeren Feinde der Freiheit zu unterscheiden und zu identifizieren. Aber auch die berechtigte Grenze der Entfaltung der eigenen Freiheit ist zu akzeptieren, weil sie ja, und auch das ist von Anfang an eine Erfahrung, mit der Freiheit aller anderen in Beziehung stehen muss.

Was sind äußere und innere Feinde der Freiheit? Die von außen kommenden Angriffe auf die Freiheit sind einfacher zu erkennen: Ungerechtigkeit, Übermacht, Unterwerfung unter den Willen anderer, Ausbeutung, Knechtschaft, die Lust, über andere zu herrschen, Erniedrigung, Beschämung und vieles andere mehr. Das alles gibt es in vielen Gestalten und es ist vermutlich vielen recht gut bekannt. Aber es gibt eben auch die inneren Feinde der Freiheit: Angst und Furcht, eine falsche Scham, Sünde und Minderwertigkeitskomplexe.

Die innere Zerrissenheit des Menschen, die damit einhergeht, hat auch Erich Fromm bewegt, der sich damit in seinem Buch »Die Furcht vor der Freiheit« beschäftigt hat, das er 1941 vor allem unter dem Eindruck des Nationalsozialismus geschrieben hat und das – damals wie heute – Gegenstand von Diskussionen wurde. Erich Fromm fragt danach, wie der Mensch in der Moderne auf die Herausforderungen des Individualismus reagiert, die auch Angst und Ohnmacht produzieren können. Seine These ist, dass die Menschen ihre Rettung in der Flucht suchen, in der Flucht ins Autoritäre, ins

Destruktive und ins Konformistische. Diese erscheinen wohl auch deshalb attraktiv, weil sie auf den ersten Blick einfache Lösungen zu sein scheinen. Es heißt bei Fromm:

> »Die These dieses Buches lautet, dass der moderne Mensch, nachdem er sich von den Fesseln der vor-individualistischen Gesellschaft befreite, sich noch nicht die Freiheit – verstanden als positive Verwirklichung seines individuellen Selbst – errungen hat; das heißt, dass er noch nicht gelernt hat, seine intellektuellen, emotionalen und sinnlichen Möglichkeiten voll zum Ausdruck zu bringen. Die Freiheit hat ihm zwar Unabhängigkeit und Rationalität ermöglicht, aber sie hat ihn isoliert und dabei ängstlich und ohnmächtig gemacht.«[3]

Offensichtlich stecken wir in einem Dilemma. Unabhängig von weltanschaulichen und religiösen Überzeugungen erfahren alle Menschen diese Spannung: einerseits die Herausforderung und das Potenzial der Freiheit und andererseits die inneren und äußeren Zwänge, die dem Freiheitswillen entgegenstehen. Letztlich stellt sich die Frage, ob es überhaupt einen Weg gibt, dieses Dilemma ganz oder wenigstens annähernd zu überwinden. Es geht darum, dass das Bild des Menschen, der zur Freiheit berufen und zur Freiheit befreit ist (vgl. GAL 5,1), nicht nur Fiktion bleibt oder eine von allen Realitäten enthobene eschatologische, jenseitige Wirklichkeit ist, die mit dem konkreten Leben hier in der Welt nichts zu tun hätte.

Es gibt in der Bibel eine Erzählung, die nicht nur für Juden und Christen, sondern auch darüber hinaus kulturgeschichtlich ein Grundgerüst anbietet für eine bestimmte Perspektive, um auf das Dilemma der Freiheit zu antworten: Es ist die Erzählung vom Exodus, vom Auszug aus Ägypten, vom Bundesschluss und der Verheißung vom neuen Land. Jan Assmann hat meinen Blick auf diese Erzählung durch sein Buch »Exodus. Die Revolution der Alten Welt« noch einmal geschärft. Er sieht das biblische Buch Exodus als Erzählung eines ganz entscheidenden Wendepunktes in der Geschichte der Welt:

> »Exodus ist aber nicht nur ein biblisches Buch, sondern auch ein Symbol, das für jede Form eines radikalen Hinter-sich-lassens und Aufbruchs zu etwas Neuem, ganz Anderen stehen kann.«

Und Assmann fährt an dieser Stelle fort mit einem Augustinus-Zitat, das ich sehr schätze und das den Spannungsbogen schlägt zwischen Freiheit und Liebe, zwischen Erde und Himmel, zwischen Menschen und Gott:

> »Wenn Augustinus in seinem Kommentar zu Psalm 64 (65) sagt incipit exire qui incipit amare ›Der fängt an, auszuziehen, der anfängt, zu lieben‹, dann denkt er an den Auszug aus der civitas terrena, der Welt der weltlichen Dinge und Geschäfte, in die civitas Dei, das Reich Gottes, das keine Sache der körperlichen Fortbewegung, sondern eines inneren Aufbruchs ist: exeunteum pedes sunt affectus cordis ›die Füße der Auswandernden sind die Empfindungen des Herzens‹.«[4]

Wir müssen uns bei der Lektüre der Exodus-Erzählung allerdings auch klarmachen, und auch darauf weist Assmann hin, dass diese Erzählung geschrieben wurde, nachdem der Aufbruch vollzogen war. Der Standpunkt ist sozusagen der dankbare und kritische Rückblick, der diese Erfahrung der Befreiung unbedingt festhalten will für die nachfolgenden Generationen und der die Gegenwart misst am ursprünglichen Ideal!

In der Dynamik
der Freiheit

In der biblischen Erzählung vom Exodus werden verschiedene Grundelemente genannt, die meines Erachtens für den Aufbruch zur Freiheit wichtig sind:

1. Der Weg zur größeren Freiheit ist ein Weg, der in Gemeinschaft gegangen wird. »Niemand ist eine Insel.« (John Donne) Es ist so selbstverständlich und muss doch erinnert werden: Wir gehören zusammen. Wir sind aufeinander bezogen, und gemeinsam brechen wir auf in ein neues Land, das eine größere Freiheit verspricht, die der Würde des Menschen angemessener ist. Ein nur individualistisches Freiheitskonzept ist immer unvollständig und verkürzt.

2. Das bloße Überwinden der Knechtschaft, auf welchen Wegen auch immer, ist noch nicht das Ziel, sondern der Ausgangspunkt. Der Weg ist lang und führt durch die Wüste, erfordert Veränderung, Lernen, die Erfahrung der Solidarität. Und es braucht einen Vertrag, eine Vereinbarung, den Bund miteinander – in der biblischen Überlieferung ist das natürlich grundlegend der Bund mit Gott, um auf dem rechten Weg zu bleiben. Das Ziel ist ein in Freiheit geschlossener Bund, eine Übernahme von Verantwortung, das Leben in einem neuen und immer wieder erneuerten Gemeinwesen, eine neue Gemeinschaft eben.

3. Und deshalb ist es auch im Ziel nicht getan. Sondern dann muss die Dynamik bleiben, die sich in der Bewährung zeigt im verheißenen Land, in der alltäglichen Mühe, die es kostet, die Freiheit zu bewahren und zu gestalten und der Versuchung zu widerstehen, in Knechtschaft und Ausbeutung

der einen durch die anderen zurückzufallen und auch persönlich unterhalb des Niveaus der geschenkten und erreichten Freiheit zu leben.

Gemeinsamer Aufbruch – Wegstrecke – in Bewegung bleiben. Ich glaube, die Elemente einer solchen Bewegung kann man auch nachvollziehen, wenn man nicht an Gott glaubt. In der Bibel und in der jüdisch-christlichen Überlieferung kommt ein entscheidender Punkt hinzu: Gott selbst befreit, aber nicht alleine in seiner Allmacht, sondern gemeinsam mit den Menschen. Gott setzt den Anfang und will, dass die Menschen in Freiheit entscheiden, ob sie mitgehen. Ganz säkular gesprochen, gibt es einen Garanten für den Verantwortungshorizont auf dem Weg in die Freiheit.

Für Juden und Christen ist die Erzählung vom Exodus, vom Bundesschluss und vom verheißenen Land eine zentrale Bezugsgröße des Glaubens. Sie macht deutlich, dass Freiheit und Erlösung miteinander in Beziehung stehen, auch wenn sie nicht einfach dasselbe sind.

Der Impuls zur Freiheit und Befreiung geht grundsätzlich über die eigene Person und auch über die eigenen Möglichkeiten hinaus. In der Bewegung der Freiheit öffnet sich ein unendlicher Horizont, wird eine Hoffnung sichtbar, endgültig und unzerstörbar frei zu sein – auch von den Mächten des Todes. Die Erfahrungen der Menschen zeigen, dass Freiheit und Befreiung im Kontext der Schöpfung vorläufig bleiben. Und es bleibt der notwendige Ausblick nach einem festen Orientierungspunkt für das Gute, für die Wahrheit, sozusagen eine »Garantie«, dass die gelebte verantwortliche Freiheit und das Bild des guten Lebens nicht nur abhängig sind von persönlichen Vorlieben, geschichtlich veränderlichen Rahmenbedingungen, sondern einen unzerstörbaren Kern, einen »Ewigkeitsbestand« haben. So öffnet sich von der Bewegung der Freiheit her der Blick auf das, was wir in der Theologie Erlösung nennen.

Für mich bleibt klar: Der Weg, den Gott mit uns geht, ist ein Weg der Befreiung. Vom Glauben her ist es ein Weg bis in den Tod und die Auferstehung Jesu hinein, eine Wirklichkeit, die ja die ganze Menschheitsgeschichte umfasst, ja eine kosmische Dimension hat. Dieser Befreiungsweg bezieht die ganze Schöpfung mit ein, nichts Geschaffenes bleibt »außen vor«. Das Volk Gottes ist in diesem Sinne Protagonist der Freiheit und mit einer Hoffnung ausgestattet, die über die Begrenzungen der irdischen Möglichkeiten hinausreicht. So ist die Berufung zur Freiheit der Kern des biblischen Menschenbildes. Denn: Gott ist ein Gott der Befreiung.

Der Freiheit
auf den Grund gehen

Die Exodus-Erzählung ist eine Geschichte der Befreiung, ohne Zweifel. Aber sie erzählt auch von der Furcht vor der Freiheit. Denn Freiheit erfordert eben auch Mut, Bereitschaft zum Wagnis, Willen zur Gestaltung. Das Ziel der Befreiung ist ein Ja-wort zur Verantwortung, zur Bindung – ein neuer Bund, eine neue Verbindlichkeit, ein neues Recht, das Zusammenleben ermöglicht und den Raum dafür öffnet, dass das verheißene Land dem Volk nicht nur politische Größe ermöglichen soll, sondern eine radikal neue Lebensmöglichkeit eröffnet, die sogar, wie manche Bibelwissenschaftler sagen, an die Schöp-fungsgeschichte selbst erinnert. Das verheißene Land soll das neu darstellen, was durch den Sündenfall verloren ist, soll ein Zeichen sein für das von Gott für den Menschen vorgesehene gute, richtige, erfüllte, befreite Leben.

Der Weg aus der Knechtschaft ist nur der Anfang eines We-ges, der – so die Idee – ein neues, befreites, besseres und gutes Leben ermöglichen soll für Israel, das damit auch ein Zeichen und eine Einladung für alle Völker der Welt sein soll.

Es liegt auf der Hand, dass dieses Konzept anschlussfähig war und ist für das, was wir politische Utopien nennen. Die Ideen einer idealen Gesellschaft ohne Unrecht, Gewalt und Ausbeutung haben von der Exodus-Erzählung und der Vor-stellung des neuen Lebens im verheißenen Land starke Im-pulse bekommen. Das gilt bis heute. Es wird dann ausgeblen-det, dass schon das Volk Gottes im Grunde daran gescheitert ist, das von Gott her geschenkte umfassende Heil auch politisch und gesellschaftlich darzustellen, also das Paradies wieder sichtbar zu machen. Die prophetische Kritik ist voll von Vorwürfen, die sich auf die konkrete gesellschaftliche Situation beziehen und diese auf dem Hintergrund des Bundes und der Freiheitsgeschichte kritisieren.

Aber auch durch die ganze Menschheitsgeschichte hindurch und im Weg des Volkes Gottes gab es immer wieder Elemente eines politischen Messianismus, einer Hoffnung auf eine ideale Gesellschaft, die schon auf Erden den Willen Gottes ganz zum Tragen bringen sollte. Die Erwartung dessen, was am Ende geschehen soll, was erst eschatologisch Wirklichkeit wird, schon jetzt im Sinne einer politischen Eschatologie darzustellen, kam immer wieder in Texten und auch konkreten Projekten zum Tragen. Solche Ideen wurden dann auch säkularisiert und finden sich wieder in politischen Programmen, wie etwa auch im Selbstverständnis und Selbstbewusstsein der Vereinigten Staaten von Amerika.

Gibt denn die biblische Erzählung vom Exodus selbst so viel her oder ist es bloß interessengeleitete Interpretation? Haben solche Ideen überhaupt keinen Anhaltspunkt in der Bibel? Haben sie den Text falsch verstanden? Es wird klar, dass gerade bei der Exodus-Erzählung nicht nur im Blick zu behalten ist, was wissenschaftlich erhoben werden kann, sondern hier ist gerade die Wirkungsgeschichte dieser Texte bis in unsere Zeit hinein spannend. Ich meine schon, dass diese Erzählung und der Bundesschluss zentrale Bedeutung haben für den Weg des Glaubens selbst, aber auch für die Auswirkungen des Glaubens auf die politischen und gesellschaftlichen Realitäten. In der Bibel wird eben doch deutlich unterstrichen, dass der

Gott der Befreiung hier und jetzt in der Welt etwas bewegen und bewirken will und eine Gemeinschaft bildet, die alternativ deutlich machen soll, was wirkliche Freiheit bedeutet. Israel soll ein Sammlungs- und Orientierungspunkt für alle Völker werden, wie es dann nach dem Exil bei den Propheten unterstrichen wird. So wie sich der Monotheismus selbst nur langsam durchsetzt, so ist es auch mit der Freiheitsgeschichte – jedenfalls im Blick auf den Weg des Volkes Gottes. Und deshalb ist der Impuls, der von dieser Geschichte auf die Sendung des Volkes Gottes ausgeht und der auch eine politische Dimension hat, durchaus berechtigt.

Freiheit durch Bindung

Zurück zur Bibel: Das Ankommen der Israeliten im Land der Verheißung, wie immer es historisch auch ausgesehen haben mag, entpuppt sich als eine Art »clash of civilizations«, um einmal den Begriff von Samuel Huntington hierauf anzuwenden. Ohne im Einzelnen auf die Forschungsdiskussionen und die Differenzierungen eingehen zu können, kann man vielleicht doch sagen: Die stärker dörflich geprägten Lebensweisen und Strukturen der Nomadenstämme, die sich unter dem Namen Israel fassen lassen, und die eher städtisch geprägten Lebensweisen und Strukturen Kanaans, eine von Königen, Adel und Militär beherrschte Klassengesellschaft, passten nicht ohne Weiteres zueinander. Die biblischen Bücher erzählen recht drastisch davon, wie viele sich anpassen und weder in der Spur des Monotheismus bleiben noch die Lebensweise einer gewissermaßen anarchischen Freiheit der Wüste und der Gleichheit aller beibehalten. Im Buch Samuel wird das auf den Punkt gebracht in der sogenannten Königsfrage: Vertreter des Volkes sagen zum alternden Propheten Samuel: »Darum setze jetzt einen König bei uns ein, der uns regieren soll, wie es bei allen Völkern der Fall ist!« (1 SAM 8,5). Samuel zögert, das zu tun, aber – so beschreibt es die Bibel – Gott ermutigt ihn, diesem Willen nachzugeben, jedoch möge Samuel dem Volk auch bekannt machen, welche Rechte der König habe, der nun über sie herrschen wird (vgl. 1 SAM 8,9).

Damit beginnt die Geschichte der Könige Judas und Israels, die im Exil endet, weil das Volk – so sehen es die großen Propheten – dem Anspruch der Berufung zur Freiheit ausgewichen ist und sich in die bekannte Sicherheit der alten Ordnung von Herrschaft und Unterwerfung, von Ausbeutung und Klassengesellschaft zurücksehnte.

Der Exodus ist ein Weg zur Freiheit, der zugleich die Entscheidung für einen Bundesschluss ist und eine damit gegebene neue Lebensweise auf dem Grund einer Verfassung, die von Gott selbst garantiert ist. Ist das eine Einschränkung der Freiheit? Diese Frage ist nicht nur für den Blick auf das Volk Israel in der Bibel wichtig, sondern auch für Fragen, die uns bis heute beschäftigen: Lässt sich Freiheit gewinnen durch Bindung?

Ich würde sogar sagen: In der Bindung, im Bund vollendet sich die Freiheit, und zwar letztlich in der Liebe, der tiefsten menschlichen Bindung. Denn Freiheit, die ins Beliebige geht, ohne Ziel, die sich alle Türen offenhält, mag kurzfristig Befreiung bringen, aber sie ist keine nachhaltige Lebensform. In diesem Sinn verstehe ich auch das Bildwort Jesu von der engen Tür, durch die man gehen soll, wenn man gerettet werden will, das heißt übersetzt, wenn man finden will, was im Leben wirklich wichtig ist: »Bemüht euch mit allen Kräften, durch die enge Tür zu gelangen; denn viele, sage ich euch, werden versuchen, hineinzukommen, aber es wird ihnen nicht gelingen« (LK 13,24). Nicht die werden glücklich, die sich alle Türen offenhalten und sich nicht festlegen, sondern die, die sich in Freiheit aufmachen, um sich neu, verlässlich und verantwortlich zu binden in der Liebe, im Blick auf eine Gemeinschaft und im Blick auf Gott. Freiheit ist eben nicht Beliebigkeit, sonst gleitet sie ab in Gleichgültigkeit und Zynismus.

Kann man den Mehrwert der verantwortlichen Freiheit sofort erkennen? Wer sich für diese Tür entscheidet – Jesus Christus nennt sich selbst im Johannesevangelium die Tür (vgl. JOH 10,9) –, verzichtet auf andere Optionen. Es gibt keine freie Entscheidung für etwas, ohne dass andere Möglichkeiten hintangestellt oder zurückgelassen werden. Die Entscheidung, die Freundschaft mit einer Person, die Gemeinschaft einer Gruppe zu suchen und sich an sie zu binden, ist immer Gewinn und Verlust zugleich und manchmal erschließt sich dann erst im Gehen, im Miteinander das, was wir – ein wenig prosaisch – den »Mehrwert« nennen. Möglicherweise auch erst ganz am Ende unseres Lebens. So ist es auch mit der Entscheidung, sich auf die Freundschaft mit Jesus von Nazareth einzulassen, durch die Tür hindurchzugehen, die er selber ist, und sich damit von seiner Lebensweise, seinem Lebensprogramm prägen und leiten zu lassen. Aber es müsste dann eben doch sichtbar werden, dass dieser Weg ein Weg in die größere Freiheit, das erfülltere Menschsein ist.

Christsein und Freisein

Und doch gibt es bei vielen Zeitgenossen eher den Eindruck, der christliche Glaube führe nicht in die Freiheit, sondern bedeute Entfremdung und Unterwerfung, fordere Gehorsam, um dem Gesetz Gottes zu genügen. Dieses Modell ist leider noch immer in vielen Köpfen stark – und das gilt auch für viele innerhalb der Kirche. Und Vertreter der Kirche haben selbst viel dazu beigetragen, ein Bild von Gott zu zeichnen, das der Freiheit keinen Raum lässt: Gott fordert etwas, wir gehorchen und dann werden wir belohnt. Von hier aus ist der Schritt zu einem blinden Gehorsam nicht weit; und auch der Schritt hin zu einer Verwaltung der Religion durch einige wenige, die den Willen Gottes interpretieren und dadurch Herrschaft ausüben über andere, ist relativ leichtgetan.

Dann wird der Weg zur Freiheit aber zu einem Weg in eine neue Abhängigkeit und Unfreiheit. Der Wunsch der Vertreter des Volkes, die Samuel um einen König bitten – um eben zu sein wie alle anderen Völker auch –, bedeutet nicht nur die Anwendung eines politischen Systems, sondern auch die analog strukturierte Regelung der religiösen Sphäre. Damit ist aber eigentlich das kostbare Geschenk der Freiheit des Menschen eingeschränkt, und Angst regiert das Verhalten der Menschen: die Angst vor Gott und die Angst vor seinen Vertretern auf Erden.

Eine solche Idee ist für mich völlig unvereinbar mit dem Bild eines Gottes, der frei ist und frei macht. Und es ist auch nicht vereinbar mit dem Blick auf die Person Jesu Christi, auf sein Leben, Sterben und Auferstehen und auf sein Evangelium, das eine frohe und gute Botschaft ist.

Viele Zeitgenossen, gerade in unserem noch christlich geprägten Kontext, sehen die Person Jesu durchaus positiv. Aber sie verbinden sie allzu oft nicht mit der Kirche, die ihnen eher als freiheitsfeindlich und wie eine Institution der Vergangenheit erscheint. Und auch in der Kirche selbst begegne ich zu vielen, die im Grunde ein reines Gehorsamsverhältnis zu Gott propagieren und damit den Gedanken der Freiheit nicht wirklich in ihren Glauben integrieren. Christsein und Freisein geht für die Menschen von heute eben nicht selbstverständlich ineinander über und gehört für sie nicht unbedingt zusammen.

Es gibt eine revolutionäre, befreiende Kraft des Monotheismus, die auch Eckhard Nordhofen in seinem Buch »Corpora. Die anarchische Kraft des Monotheismus« gut herausgearbeitet hat. Er zeigt auf, dass ein wirklich konsequent gedachter Monotheismus letztlich das Ende jedes ökonomischen Verständnisses von Religion im Sinne eines »Austauschs« zwischen Gott und Mensch sein muss. Die Beziehung zwischen Gott und Mensch ist keine Geschäftsbeziehung! Die Geschichte der Religionen – und auch die Geschichte des Christentums – war und ist doch immer noch geprägt von der Vorstellung, dass wir den Göttern oder Gott etwas geben, damit sie uns etwas geben. Damit ist die Beziehung zwischen Gott und Mensch ein Vertrag, ein »do ut des« – »ich gebe, damit du gibst«, und damit letztendlich auch mit Furcht verbunden. Es ist im Grunde die Verlängerung einer menschlichen Vertragslogik in die Welt des Göttlichen. Doch damit wird der Gedanke, dass es einen Gott gibt, verkleinert und auf menschliches Maß gedrückt, und die befreiende Kraft des Monotheismus nicht aufgegriffen. Denn Gott ist ja gerade kein Bestandteil der Welt, kein Teil der Schöpfung, kein in unserer Lebenswelt vorzufindendes Etwas.

Machen wir ein Experiment: Schließen Sie bitte einmal die Augen und sagen dann langsam für sich das Wort »Gott«. Was tut sich in Ihrer Vorstellung? Hören Sie Melodien? Sehen Sie Farben? Strukturen? Bilder? Gar nichts? Was immer es auch sei, als Theologe muss ich Ihnen sagen: Es hat nichts mit Gott zu tun! Diese Übung hilft mir manchmal, mir wieder klar zu machen, dass all die Bilder und Worte, die wir in der Tradition des Glaubens haben und benutzen, immer unter dem größten Vorbehalt stehen müssen: Wir machen uns von Gott ja Vorstellungen im Rahmen unserer menschlichen Möglichkeiten. Gott aber ist, wie die Theologie sagt »totaliter aliter« – »gänzlich anders«. Er ist kein Teil der Welt, der Schöpfung. Er ist ja der Schöpfer der Welt. Und so ist das Wort »Gott« ein menschliches Wort, das aber Menschen grundsätzlich nicht begreifen können.

Gleichzeitig haben wir (fast) alle – ob gläubig oder nicht – Gottesvorstellungen, die tief in der Religions- und Kulturgeschichte verwurzelt sind.

Besonders ausgeprägt ist die Vorstellung, Gott sei doch so etwas wie ein Mensch – nur stärker, allmächtiger, größer … Aber ganz zu Recht erscheint eine solche Gottesvorstellung vielen Menschen immer weniger plausibel. Dazu hat auch beigetragen, dass mit diesen Bildern ja nicht nur positive Assoziationen verbunden wurden, sondern auch negative Bilder vom Menschen transportiert und zur Machtausübung im weltlichen und im kirchlichen Bereich genutzt wurden. Ein solches Bild entspricht letztlich nicht der biblischen Gottesoffenbarung.

Christliche Theologen denken seit Jahrhunderten darüber nach, wie man so von Gott sprechen kann, dass sein Anderssein gewahrt wird und wir trotzdem Worte und Bilder finden, um uns dem Göttlichen zu nähern. Karl Rahner hat diese theologische Spurensuche auf den Punkt gebracht und sagt, dass Gott »das absolute Geheimnis« schlechthin ist.

Der Bund mit Gott

Wir können als Menschen Gott nicht begreifen – ganz im wörtlichen Sinn. Es gibt keinen Zugang von uns (und der gesamten Schöpfung) zu ihm, als könnten wir ihn erreichen, begreifen, mit menschlichen Anstrengungen in unsere Hände bekommen. Aber es gibt einen Zugang von ihm zu uns. Die Bibel erzählt von einem Gott, der spricht, der von sich aus Beziehung zum Menschen aufnimmt und sich schließlich in der Geschichte Jesu von Nazareth selber ganz vorstellen will. Auch wenn wir selbst uns also keine wirklich zutreffende Vorstellung von Gott machen können, kann Gott sich uns vorstellen. Er kann auf eine uns zugängliche Weise begreiflich machen, wie er verstanden und gesehen werden möchte. So ist dann Christus »Bild des unsichtbaren Gottes« (vgl. KOL 1,15). Im Grunde sind wir damit am zentralen Punkt des christlichen Glaubens.

Es gibt eine ganz plastische Szene in Jerusalem, die alle Evangelien beschreiben: Es ist der Eklat, als Jesus die Händler aus dem Tempel vertreibt (MT 21,12–17; MK 11,15–19; LK 19,45 f.; JOH 2,13–16). In den ersten drei Evangelien, den sogenannten synoptischen Evangelien, wird diese Szene am Ende des Lebens Jesu platziert, kurz vor seiner Passion, vor seinem Leiden und Sterben. So wird das Handeln Jesu im Tempel zu einem wichtigen Grund für seine Hinrichtung. Im Johannesevangelium schließlich hören wir von diesem Ereignis schon ganz am Anfang des Lebens Jesu, und so unterstreicht der Evangelist, dass es sich hier um einen für die ganze Verkündigung Jesu programmatischen Akt handelt. Manche haben Jesus von dieser Szene ausgehend zum antikapitalistischen Revolutionär stilisiert oder

zu jemandem, den es ärgert, dass die Priester am Tempel mit-
verdienen; aber es geht um viel mehr. Es geht um das Gottes-
bild und die Beziehung zwischen Gott und Mensch, die – wie
schon gesagt – keine Vertrags- oder Geschäftsbeziehung ist.
Wir können Gott nicht mit unseren Mitteln in den Griff bekommen, im wörtlichen Sinne »begreifen«, instrumentalisie-
ren, benutzen und für unsere Zwecke einsetzen. Es geht um
eine Beziehung der Liebe, die in Freiheit stattfindet, und dabei
ist Gott der eigentlich Handelnde, der auf uns zukommt und
uns »zur Freiheit befreit« (vgl. GAL 5,1). Der Apostel Paulus vertieft diese Perspektive in seinen Briefen an die christlichen Ge-
meinden und unterstreicht: Mit Gott ist keine Selbstermächtigung, Selbsterlösung und Selbstrechtfertigung des Menschen
möglich. Das ist eine revolutionäre Veränderung aller vorher-
gehenden religiösen Vorstellungen, die im Denken und Leben
der Einzelnen und der Gemeinschaften erst einmal wirklich
verstanden und gelebt werden muss. Vielleicht sind wir damit
immer noch am Anfang. Diese Bestimmung des Verhältnisses
von Gott und Mensch wahrt die Größe Gottes und macht zugleich den Menschen nicht kleiner, sondern größer, nicht un-
freier, sondern freier. Es ist ein Verhältnis, das geprägt ist von
Vertrauen und nicht von Angst. Denn Angst macht enger und
kleiner und defizitärer – und genau das ist nicht der Weg, den
Jesus geht und zeigt.

Für das Volk Gottes – das zeigt die biblische Überlieferung –
war und ist diese neue Gottesbeziehung ein Lernprozess hin
zur »Freiheit der Kinder Gottes« (RÖM 8,21). Das Volk Gottes
lernt, dass der Bund zwischen Gott und den Menschen mit
Freiheit und Befreiung zu tun hat, und das Verständnis dafür entwickelt sich, was Monotheismus bedeutet. Zugleich

bleibt die Versuchung bestehen, Gott in menschlichen Kategorien zu interpretieren, ihn auf Normen zu reduzieren, die als Wahrheiten festgelegt und dann von einigen wenigen wirkmächtig verwaltet, interpretiert und angewendet werden. In dieser Spannung steht auch Jesus selbst und versucht, in seinen Zeichenhandlungen und Predigten, aber auch in den Streitgesprächen mit Pharisäern und Schriftgelehrten eine neue Perspektive zu erschließen. Denn letztlich kann man Gott auch in den Buchstaben der Heiligen Schrift nicht festhalten und definieren. Paulus wird sagen: »Der Buchstabe tötet, der Geist aber macht lebendig« (2 RÖM 3,6). Alle fundamentalistischen Irrwege der Christentums-Geschichte gehen den Weg, der nicht in die Freiheit führt, sondern in neue Enge und Angst. Für die Theologie ist klar: Die Heilige Schrift ist nicht die Offenbarung selbst, sondern das wichtigste Zeugnis der Offenbarung, das uns von der Kirche vorgelegt wird. Die Offenbarung selbst ist das lebendige Wort Gottes, ist Christus. In der Begegnung mit dem Auferstandenen, der mit der Kraft des Geistes unter uns wirkt, öffnet sich für uns der Himmel in die unendlichen Möglichkeiten Gottes hinein.

Haben solche Überlegungen aber überhaupt noch etwas mit unserer Lebenswelt zu tun? Hat diese Botschaft Bedeutung für unsere Gesellschaft? Ist der christliche Monotheismus, also der Glaube an den einen Gott, heutzutage noch überzeugend? Wie und wo ist ein solcher Glaube wirksam und sichtbar?

In Europa wird im Blick auf den christlichen Glauben und auf die europäische Kultur immer wieder betont, dass die biblische Überlieferung eine wichtige Quelle ist. Man könnte sagen: Ohne den Exodus und ohne den biblischen Monotheismus können wir Europa nicht verstehen, ebenso wenig wie die Geschichte der Freiheit und unsere Kulturgeschichte. Nicht grundlos beginnt Heinrich August Winkler seine mehrbändige »Geschichte des Westens« mit dem Satz: »Am Anfang war ein Glaube: der Glaube an einen Gott.«[5] Im Grunde wird damit deutlich: Die Geschichte der Freiheit hängt eng mit dem Glauben an den einen Gott zusammen.

Freiheit und Gleicheit

Eine weitere Quelle, die unser Leben in Europa beeinflusst, ist die antike Welt, symbolisch zusammengefasst in den beiden Städtenamen Athen und Rom. Seit Langem bewegt mich die Frage, ob und wie es einen Zusammenhang zwischen der Geschichte Israels und der Geschichte Griechenlands geben könnte. Gab es Beziehungen zueinander? Gegenseitige Beeinflussungen sind nur spärlich und erst in der Zeit des Hellenismus nachweisbar. Eckhard Nordhofen gibt dazu einige Hinweise, und er geht in seinen Überlegungen aus vom Kulturgut Schrift, die er sogar als »Schicksal des Monotheismus« bezeichnet:

> »Israel und Griechenland – in den beiden Quellgebieten unserer Kultur lag der Monotheismus in der Konsequenz einer aufklärerischen Religionskritik. Es gibt sie sogar zeitlich hier wie dort. Beide durchschauten auf ähnliche Weise die Götter als selbstgemacht.«[6]

Genau das aber ist der Ausgangspunkt eines Glaubens, der in die Freiheit führt. Jerusalem, Athen und dann Rom sind Kristallisationsorte von Entwicklungen, die in gewisser Weise im christlichen Monotheismus zusammengeführt werden können. Wie genau sich Denken und Leben in diesen Kulturen etwa ab dem 8. Jahrhundert v. Chr. entwickelt haben, ist Gegenstand der Forschung, die mich neugierig auf ihre Ergebnisse macht.

Ich will einen Gedanken des biblischen Monotheismus und auch der Demokratie aufgreifen, der meines Erachtens bis heute die ganze Freiheitsgeschichte prägt: Voraussetzung für die Freiheit ist die Anerkennung eines gemeinsamen Rahmens, die Vereinbarung eines Bundes, der Abschluss eines Vertrages und vor allem: die Anerkennung der Gleichheit der Menschen. Das gilt sowohl im Volk Gottes als auch in der Bürgerschaft Athens. Zumindest im Ideal; wir wissen, dass die Wirklichkeit anders aussah, sowohl in Israel wie auch in Athen und Rom. Aber sowohl die prophetische Verkündigung im Alten Testament wie auch die politischen Auseinandersetzungen in Athen sind in gewisser Weise antiautoritär und anarchisch. Sie wollen die Herrschaft der einen über die anderen verhindern, Macht kontrollieren, Diktaturen und absolute Königsherrschaft verhindern. Das ist vom Anspruch her immer revolutionär und für die Mächtigen beunruhigend.

Wie werden Freiheit und Gleichheit garantiert? In Griechenland liegt die Lösung darin, den Konsens darüber immer wieder herzustellen. Daran scheitert das politische Konzept letztlich, denn die Götter erscheinen in ihren Entscheidungen wechselhaft und unberechenbar, und ebenso die Menschen. So muss am Ende doch ein Herrscher die Macht übernehmen.

Für das Volk Gottes ist der letzte Garant der Freiheit und der Gleichheit aller Menschen Gott selbst. Dieser ganz andere, Geheimnisvolle, der spricht und dessen Worte von ihm selbst in den Tafeln des Bundes festgehalten werden, sodass die Schrift nicht nur ein Verfassungstext ist, sondern fast selbst die Wirklichkeit Gottes darstellt. Eine solche Engführung der Beziehung auf das Geschriebene kann zu neuen Unfreiheiten führen. Die ganz grundsätzliche Ausrichtung jedoch auf Gott als eine Wirklichkeit, die für den Menschen nicht verhandelbar und unverfügbar ist, schafft einen Rahmen der Orientierung für die Gestaltung des Lebens in Freiheit, verbindet diese mit Recht, Gerechtigkeit und Verantwortung und bewahrt zugleich vor Willkür und Beliebigkeit. Ohne Bund und Vertrag, der letztlich von Gott garantiert wird, läuft die Freiheit ins Leere, Beliebige, in die Willkür.

Freiheit braucht die Ausrichtung an Verantwortung und Gerechtigkeit. Damit ist auch verbunden, dass es ein Urteil über menschliches Entscheiden und Handeln in Freiheit geben kann, also auch im Sinne eines Gerichtes. Freiheit wird stabilisiert im Horizont der Verantwortung, im Horizont des Gerichtes, nicht um Angst zu schüren, sondern um vor der Zerstörung der Freiheit selbst zu bewahren. Das gilt auch für den Blick auf das »Jüngste Gericht«.

Sich der Freiheit verpflichten

Ein Bild hat sich mir besonders eingeprägt: Anlässlich der Feiern zum 60. Jahrestag der Römischen Verträge, die die Grundlage für die Europäische Union bilden, versammelten sich die Staats- und Regierungschefs der Europäischen Union im März 2017 in Rom. Sie kamen auch in der Sixtinischen Kapelle zusammen zu einer Begegnung mit Papst Franziskus. Dort stellten sich alle gemeinsam auf zum offiziellen Foto unter dem wandgroßen Gemälde des Jüngsten Gerichtes von Michelangelo.

Diese Szene hat für mich einen hohen symbolischen Wert. Denn sie zeigt mir: Auch das politische Handeln, ebenso wie das persönliche Handeln, verantworten sich im Horizont einer unverfügbaren und durch keine Macht der Welt beherrschbaren Größe, von der sie ihre Ausrichtung beziehen. Für mich als gläubigen Christen ist das die Ausrichtung auf Jesus Christus. Ich glaube, dass durch ihn als Sohn Gottes für alle Menschen der Weg zur wirklichen und wahren Freiheit eröffnet ist und damit auch die biblische Offenbarung und Freiheitsgeschichte ihren Zielpunkt erreicht hat.

Johannes Paul II. hat bei seinem Deutschlandbesuch 1996 eine ergreifende Rede am Brandenburger Tor gehalten. Es war und ist bis heute ein starker Appell an Deutschland und Europa, sich in ganz besonderer Weise der Freiheit verpflichtet zu fühlen. Für Johannes Paul II., dessen Leben selbst so stark beeinflusst wurde durch die Gewalt des Kommunismus, gründet das offene Tor der Freiheit in Jesus Christus. Johannes Paul II. sagte in seiner Ansprache am Brandenburger Tor:

»*Nirgendwo sonst haben sich während der gewaltsamen Teilung [Deutschlands] die Sehnsüchte nach Einheit so sehr mit einem Bauwerk verbunden wie hier. Das Brandenburger Tor wurde von zwei deutschen Diktaturen besetzt. Den nationalsozialistischen Gewaltherrschern diente es als imposante Kulisse für Paraden und Fackelzüge, und von den kommunistischen Tyrannen wurde dieses Tor mitten in dieser Stadt zugemauert. Weil sie Angst vor der Freiheit hatten, pervertierten die Ideologen ein Tor zur Mauer. Gerade an dieser Stelle Berlins, die zugleich zur Nahtstelle Europas wurde, zur unnatürlichen Schnittstelle zwischen Ost und West, gerade an dieser*

Stelle offenbarte sich für alle Welt sichtbar die grausame Fratze des
Kommunismus, dem die menschlichen Sehnsüchte nach Freiheit und
Frieden suspekt sind. Vor allem aber fürchtet er die Freiheit des Geis-
tes. Auch sie wollten die braunen und roten Diktatoren zumauern.
Menschen waren durch Mauern und tödliche Grenzen voneinan-
der getrennt. Und in dieser Situation wurde das Brandenburger Tor
im November 1989 Zeuge davon, dass Menschen das Joch der Un-
terdrückung abschüttelten und zerbrachen. Das geschlossene Bran-
denburger Tor stand da wie ein Symbol der Trennung; als es endlich
geöffnet wurde, wurde es zum Symbol der Einheit und zum Zeichen
dafür, dass die Forderung des Grundgesetzes nach Vollendung der
Einheit und Freiheit Deutschlands in freier Selbstbestimmung er-
füllt ist. So kann man zu Recht sagen: Das Brandenburger Tor ist
zum Tor der Freiheit geworden.
An diesem so geschichtsträchtigen Ort fühle ich mich veranlasst, an
Sie alle, die Sie hier anwesend sind, an das deutsche Volk, an Eu-
ropa – das auch zur Einheit in Freiheit gerufen ist –, an alle Men-
schen guten Willens einen dringenden Appell für die Freiheit zu
richten.«[7]

Papst Johannes Paul II. führt in dieser historischen Rede weiter aus, was der Ruf nach Freiheit konkret bedeutet und unterstreicht, dass Freiheit in einem weiten Horizont steht, denn:

»Es gibt keine Freiheit ohne Wahrheit. [...] Es gibt keine Freiheit
ohne Solidarität. [...] Es gibt keine Freiheit ohne Opfer. [...]
Es gibt keine Freiheit ohne Liebe.
Der Mensch ist zur Freiheit berufen. – Ihnen allen, die Sie mich jetzt
hören, verkündige ich: Die Fülle und die Vollkommenheit dieser Frei-
heit hat einen Namen: Jesus Christus.«[8]

Die Anstrengung
der Freiheit

Die Idee der Freiheit hat starke Wurzeln in der biblischen Überlieferung und in der christlichen Theologie, wie wir gesehen haben. Und dennoch ist der Verlauf der Ideengeschichte der Freiheit im Blick auf die Haltung der Kirche und der Christen gespalten. Der Mensch steht als Freiheitswesen gleich in mehreren Bezügen: Er steht in der Verantwortung für sich selbst, für die Welt und sein Gegenüber und auch gegenüber Gott. Das heißt der Mensch ist immer Individuum und steht zugleich immer in Beziehung. Diese Verbindung von Individuum und Relation beschreibt im Kern ganz gut das christliche Menschenbild, das mit dem Begriff der Person gefasst wird. In diesen drei Bezügen entfaltet sich auch die Freiheit und stößt in ihnen auch an Grenzen: Das eine ist die Entfaltung der Freiheit des Individuums, das zweite die Ausrichtung auf die Welt und das Miteinander von Menschen, und schließlich richtet sich die Freiheit auf das Verhältnis zu Gott selbst. Wir können unsere Freiheit nur personal verstehen: Immer sind wir in Beziehungen eingebunden, die einengen können, aber auch Möglichkeiten eröffnen. In der Tradition der Katholischen Soziallehre wird deshalb Person verstanden als »Selbststand im Gegenüberstand« – eine zugegebenermaßen etwas umständliche Beschreibung für dieses Beziehungsgeflecht, das Gesellschaft mit einbezieht. Freiheit ist eine Beziehungswirklichkeit.

Es geht um die Freiheit
des Einzelnen

Betrachtet man die Situation der Christen zur Zeit des Römischen Reiches so war für die Glaubenden klar, dass sie in ihrem Inneren, ihrem Herzen, ihrem Gewissen zwar frei waren. Dennoch gerieten sie immer wieder staatlicherseits in Bedrängnis, und somit wurde ihre äußere Freiheit begrenzt, obwohl das Römische Reich ja durchaus eine gewisse Freiheit in Religionsdingen kannte, wenn sich die Religionen in das Gesamtsystem des Kaiserkultes als politischer Religion einordneten. Als dann das Christentum zur Staatsreligion erhoben wurde, war die Entwicklung hin zu einem Gemeinwesen, das Toleranz und Freiheit der Weltanschauungen, Meinungen und Religionen garantiert, noch schwer vorstellbar, obschon die Bibel und auch die Beiträge der Kirchenväter dazu ausreichend gedankliche Anregungen geben. Aber die Versuchung, die Freiheit der Kirche dazu zu nutzen, die Wahrheit, die im Glauben an Christus gefunden war, auch politisch und mit Macht durchzusetzen, war offensichtlich zu groß. Bei aller faszinierenden geistigen und kulturellen Entfaltung dessen, was wir durchaus missverständlich »christliches Abendland« nennen, bleibt doch die Frage im Raum, warum die Freiheit – sowohl die Gewissens- und Meinungsfreiheit wie auch die politische Freiheit – weitgehend gegen den Widerstand der Kirche errungen werden musste. Ging es in diesen Auseinandersetzungen vielleicht doch nicht nur um jeweils zeitgenössische theologische und kulturelle Vorstellungen, sondern letztlich um Fragen der Macht? Eine solche Kritik ist sicher berechtigt, wenn sie auch wenig aussagt über die Motivation der einzelnen Akteure in ihren jeweiligen Situationen.

Es war jedenfalls ein langer Weg hin zur Erkenntnis, dass es nicht nur um die Freiheit der Kirche als Institution geht, etwa im »Kampf« zwischen Kaiser und Papst, sondern um die Freiheit des einzelnen Menschen. Die Auseinandersetzungen um die Freiheit sind eben nicht nur Machtkämpfe von Institutionen – die »libertas ecclesiae« gegen den Anspruch der politischen Macht –, sondern müssen dann auch konsequent auf die Freiheit des Menschen gegenüber diesen Institutionen übertragen werden und hinführen zu der Erkenntnis und Akzeptanz, dass diese Freiheit in der Gottebenbildlichkeit des Menschen gründet, in der Würde des Menschen, die auch in seinen Gewissensentscheidungen unbedingt zu respektieren ist.

Aber die Geschichte zeigt, wie groß die Versuchung der Macht ist, auch für die Christen und die Kirche, wenn sie die politische Dominanz innehaben. Warum sollte auch ein Staat, ein Gemeinwesen, das sich bewusst den Gesetzen Gottes und der Kirche verpflichtet fühlte, hier anders denken? Und erst recht die Kirche? Es konnte doch nicht angehen, dass der Staat die Wahrheit und den Irrtum in gleicher Weise behandeln konnte; und für die Wahrheit stand die Kirche. Es ging aber schon früh darum, eine Balance zu finden zwischen Freiheit, Wahrheit und Macht – und schließlich um die Trennung von Kirche und Staat, ohne die letztlich die Unverfügbarkeit der Würde des Menschen, die in der Freiheit gründet, nicht möglich ist.

Zur Geschichte der konkreten Freiheit gehört eben auch die »Zähmung der Religion«[9], wie es Bernd Roeck in seiner Geschichte der Renaissance »Der Morgen der Welt« nennt. Als Kirche haben wir dies selbstkritisch zur Kenntnis zu nehmen, und gerade deswegen ist es ja so wichtig, das eigene Reden über die Freiheit zu hinterfragen, durch die Geschichte des

Glaubens hindurch aufzuarbeiten und vom Evangelium her neu das Wort »Freiheit« zu proklamieren und zu leben. Diese selbstkritische und doch produktive Aufarbeitung findet zu wenig statt. Entweder wird apologetisch alles verteidigt, was in der Geschichte des Christentums und besonders der katholischen Kirche geschehen ist, oder Religion wird als das große Hindernis zur Befreiung der Menschen verstanden, so dass nur ein Begrenzen oder Ausschalten des religiösen Faktors zur wirklichen Freiheit führen kann. Beide Extreme werden der komplexen geschichtlichen Entwicklung nicht gerecht und übersehen die großen Potenziale gerade der biblischen Botschaft für die Entwicklung der Freiheit.

Man sollte auch nicht vergessen, dass auch in der Auseinandersetzung der Institutionen Kirche und Staat seit Kaiser Konstantin und durch das Mittelalter hindurch bis in die Neuzeit hinein Wichtiges für die Freiheit errungen wurde. Die Trennung und/oder Differenz von Kirche und Staat bedeutet auch eine Begrenzung des Staates auf seine Aufgaben. Das Gegenüber von Papst und Kaiser führte ja zu dem Bewusstsein, dass auch dem Staat Grenzen gesetzt sind, dass der Staat nicht omnipotent und allzuständig ist, sondern nur für die »weltlichen Dinge«. Es sollte eigentlich klar festgehalten werden, dass es einen Raum des Menschen gibt für seine Beziehung zu Gott, in dem der Staat nichts zu tun hat, den er nur zu schützen hat. Man kann also durchaus sagen, dass der Kampf um die Freiheit der Kirche vom politischen Einfluss in die große Freiheitsbewegung hineingehört.

Wie wichtig es ist, auch diesen Kampf der Begrenzung des Staates immer wieder zu führen, hat das 20. Jahrhundert gezeigt. Die politischen Ideologien dieses Jahrhunderts haben die Freiheit im Kern zerstört und die Würde des Menschen mit Füßen getreten. Da braucht es – das hat sich gezeigt – auch institutionelle Gegengewichte, die dem ausufernden ideologischen Strom entgegentreten können, und das wird auch im 21. Jahrhundert – vielleicht sogar verstärkt –- der Fall sein. Immer deutlicher werden die Hinweise, dass etwa Demokratie und damit auch die Perspektive der Freiheit eher unter Druck geraten, in Europa und weltweit. Ivan Krastev und Stephen Holmes bringen mit ihrem Buch »Das Licht, das erlosch« (2019) eine Analyse und These über Ursachen und Konsequenzen eines sich wandelnden Verständnisses von Liberalismus und auch liberaler Demokratie in die aktuellen Debatten ein. So stellen sie etwa fest:

> »Selbst das Ideal einer ›offenen Gesellschaft‹ hat seinen einst bejubelten Glanz verloren. Bei vielen desillusionierten Bürgern weckt das Stichwort Weltoffenheit heute eher Angst als Hoffnung. Als die Berliner Mauer fiel, gab es nur sechzehn Grenzzäune weltweit. Heute sind fünfundsechzig befestigte Grenzen fertiggestellt oder im Bau.«[10]

Krastev und Holmes schließen ihre klare und vielschichtige Analyse mit einem vielleicht überraschend positiven Votum und eindeutigen Appell:

> »Wir können die weltweit vorherrschende liberale Ordnung, die wir verloren haben, endlos betrauern, oder wir können unsere Rückkehr in eine Welt ständig miteinander rangelnder politischer Alternativen feiern und erkennen, dass ein geläuterter Liberalismus, wenn er sich von seinem unrealistischen und selbstzerstörerischen Streben nach weltumspannender Hegemonie erholt hat, noch immer die politische Idee ist, die dem 21. Jahrhundert am ehesten entspricht. Es liegt an uns, zu feiern, statt zu trauern.«[11]

Wird die Kirche in diesen Auseinandersetzungen unserer Zeit auf der Seite der verantwortlichen Freiheit stehen und sich für eine offene Gesellschaft einsetzen, in der diese Freiheit gelebt werden kann? Ich hoffe es sehr!

Religionsfreiheit und Menschenrechte

In dem in Ansätzen durchaus berechtigten historischen Kampf um die Freiheit der Kirche kam es aber nicht zu einer wirklichen intensiven Freiheitsdebatte in der Kirche selbst; oder wenn sie aufkam, wurde sie im Zeichen der Häresie bekämpft. Die Anerkennung der Freiheit der Person in Fragen der Weltanschauung, des Gewissens, des Glaubens konnte die Institution offensichtlich nur als Machtverlust sehen und von daher bekämpfen. So sehr natürlich Geschichte immer in ihren jeweiligen Bedingungen beurteilt werden muss, bleibt es doch deprimierend zu sehen, dass noch 1832 Papst Gregor XVI. in seiner berühmten Enzyklika »Mirari vos« formulierte, dass Religionsfreiheit und Gewissensfreiheit ein »pestilentissimus error«, ein »pesthaftester Irrtum« seien. Bis hin zum Zweiten Vatikanischen Konzil wird sich diese Position im Grundsatz wenig ändern, bis 1965 die Erklärung »Dignitatis humanae« des Konzils feststellt, dass die Religions- und Gewissensfreiheit in der Ebenbildlichkeit des Menschen gründet. Hubert Wolf greift diese Entwicklung in einem Vortrag an der Katholischen Akademie in München 2019 auf und sagt: »Und deshalb müsse die katholische Kirche die erste Verteidigerin von Gewissens- und Religionsfreiheit sein, und zwar nicht für jeden einzelnen Menschen, sondern auch für religiöse Gruppen.« Wolf konstatiert als Historiker hier einen »Bruch. Entweder ist Religionsfreiheit ›pesthafter Irrtum‹, oder die Religionsfreiheit ist mit der Gottesebenbildlichkeit gegeben, weshalb die Kirche sie verteidigen muss.«[12] In diesem umfassenden Verständnis ist die Religionsfreiheit der Schlüssel auch zu den Menschenrechten. Erst nach dem Zweiten Vatikanischen Konzil hat die Kirche verstanden, dass der Einsatz für die Freiheit des christlichen Glaubens den Einsatz für die Freiheit aller einschließt. Das gehört meines Erachtens zum unwiderruflichen Grundauftrag der Kirche in der Welt, gerade heute.

Aber was hat denn die politische Freiheitsgeschichte letztlich mit der Religion zu tun? Ein langtradiertes Wort der theologischen und geistlichen Tradition lautet: »Progressio non est in annis, sed in animis« (Paulinus I. von Aquileia). Mit eigenen Worten gesagt: Fortschritt findet nicht im Lauf der Geschichte statt, sondern in der Seele, die sich Gott öffnet und den Weg der Heiligkeit beschreitet. Politische und gesellschaftliche Entwicklungen sind losgelöst von dieser geistlichen Wirklichkeit. Augustinus, der große Kirchenvater, hat darauf hingewiesen angesichts des politischen Zusammenbruchs des Römischen Reiches, das ja schon wesentlich christlich geprägt war. Er schrieb im Angesicht dieser Katastrophe »De civitate Dei« – »Über den Gottesstaat«, der über alle geschichtlichen Veränderungen hinweg in den Herzen der Menschen errichtet werde. Ganz kurz gefasst kann man vielleicht sagen: Die beiden Staaten – die weltliche Stadt und die Stadt Gottes – unterscheiden sich durch zwei Haltungen: die weltliche Stadt sei geprägt durch die Haltung der Selbstliebe und die Stadt Gottes durch die Haltung der Gottes- und Nächstenliebe.

Eine solche Differenzierung, ja Trennung kann natürlich auch zu einer wirklichen Entpolitisierung des Glaubens führen, bis hin zur Irrelevanz des Christentums in Bezug auf Politik und Gesellschaft. Diese Irrelevanz kann auf Seiten der Kirche auch Gleichgültigkeit erzeugen, Unempfindlichkeit gegenüber Ungerechtigkeit, Armut und Ausbeutung, somit also gegenüber der Unterdrückung der Freiheit und Würde des Menschen.

Ausgehend von der biblischen Botschaft vom Reich Gottes – der Verkündigung Jesu in den Gleichnissen vom Reich Gottes, die vom Leben der Menschen ausgehen und inmitten dieses Lebens die Wirklichkeit Gottes aufzeigen –, zeigt sich durch die Geschichte hindurch die Erkenntnis und Erfahrung, dass das Reich Gottes und die Geschichte der Freiheit, die Wirklichkeit Gottes und das Leben der Menschen, aufeinander bezogen sind. Um dieses spannungsvolle Beziehungsgeflecht geht es bis heute. Das Reich Gottes, das Reich der Gerechtigkeit und der Freiheit, kann nicht auf Erden errichtet werden, sondern es wird geschenkt. Dennoch hat dieses Reich Gottes mit dem, was auf Erden geschieht, sehr viel zu tun. Es geht darum, dieses In- und Miteinander von Reich Gottes und geschichtlicher Entwicklung neu aufzugreifen, zu vertiefen und so deutlich zu machen, wie die Kirche das Sakrament – das heißt Zeichen und Werkzeug – der Einheit zwischen Gott und Menschen und der Menschen untereinander sein kann, wie es das Zweite Vatikanische Konzil gesagt hat (vgl. LG 1). So verstanden müsste die Kirche Zeichen und Werkzeug für die wirkliche Freiheit des Menschen sein. Das heißt, die Kirche wäre nicht wirklich ihrer Sendung treu, wenn ihr Wirken und Dasein nicht Auswirkungen auf die Welt, auf die Lebenswirklichkeit der Menschen hätte. Sonst wären diese Begriffe und Worte zwar schön, aber bedeutungslose Spekulation.

Es blieb in der Theologie über lange Zeit, bis zum Zweiten Vatikanischen Konzil, eine offene Frage, wie die Geschichte der Menschen und somit auch die Geschichte der Freiheit mit der Geschichte des Reiches Gottes verwoben sein könnten. Gerade der Gedanke, dass die Dynamik eines »neuen Himmels und einer neuen Erde« (vgl. 2 PETR 3,13) auch Auswirkungen haben könnte auf die Veränderung konkreter politischer Verhältnisse, beunruhigte Staat und Kirche gleichermaßen. Eine »Verlagerung« des Reiches Gottes in die Eschatologie, also ins »Jenseits«, konnte und kann zu einer bequemen Entpolitisierung des christlichen Glaubens führen und macht ihn zum individuellen »Seelentrost«. Dann gilt nur: »Rette deine Seele«, wie es das Motto der Volksmissionen bis ins 20. Jahrhundert war.

Die Korrelation der Realgeschichte und der Verkündigung vom Reich Gottes war in der Vergangenheit oft nicht im Blick. Der Einzelne hatte sich an seinem Platz zu fügen, der ihm durch Geburt und Stand gegeben war, und sich dann im Sinne der Gebote zu verhalten, um so das Heil zu erringen. Das allerdings galt für alle: für Könige, Fürsten, Bischöfe und alle Bürger. Trotz großartiger kultureller, philosophischer und theologischer Leistungen – denken wir an den Bau vieler Kathedralen oder an die Schriften des Thomas von Aquin – war dem kirchlichen Denken die spätere Vorstellung, dass »Weltgeschichte Fortschritt im Bewusstsein der Freiheit« (Hegel) sein könne, noch sehr fern. Die von Gott gewollte Ordnung, wie sie durch die Gebote Gottes präsentiert wurde, wurde durch Staat und Kirche garantiert, und damit war eigentlich die Geschichte bereits an ihrem Ziel, eben: progressio non est in annis, sed in animis! Mit dieser Haltung lassen sich natürlich die Dynamik der Freiheit und der revolutionäre Aufbruch, der darin steckt, brechen und auflösen.

Politische Versuchung
im Gewand klerikaler Machtansprüche

Allerdings gibt es in der Geschichte und auch in der Gegenwart nicht nur den Weg der entpolitisierten Verinnerlichung des Glaubens, sondern auch den einer Sakralisierung und Politisierung der Religion, die faktisch die Kirche mit dem Reich Gottes gleichsetzt und ihr so die Herrschaft über die Seelen auch hier auf Erden unbegrenzt zugesteht. Das Reich Gottes wird sozusagen zu einer politisch-ekklesialen Realität und damit doch letztlich zur Ideologie, die dann auch Inspirationsquelle für andere Weltanschauungsideologien werden kann, die das Paradies auf Erden errichten wollten und wollen.

Die politische und theologische Versuchung, das Reich Gottes in ein menschengemachtes System zu zwingen, die Veränderung von Strukturen und die Umwälzung politischer Macht bis hin zur Errichtung einer Theokratie zu erreichen, ist leider nicht nur ein Phänomen vergangener Zeiten. Die Erfahrung des Reiches Gottes – die Herrschaft Gottes, die in der Liebe Gottes und der Freiheit der Menschen wurzelt – lässt sich jedoch mit Gewalt und Macht nicht erzwingen. Sie liegt nicht in der Verwaltungsmacht von Menschen und Institutionen der Politik oder der Religion.

Die Gefahr der ideologischen Politisierung des Glaubens, der Vereinnahmung und Ermächtigung – auch innerhalb des Christentums – hat Fjodor M. Dostojewskij in seinem Roman »Die Brüder Karamasow« in der Geschichte des Großinquisitors unübertroffen abgebildet. Es geht in einem Gespräch zwischen den beiden Brüdern Karamasow um die Geschichte eines Großinquisitors, der im Spanien des 16. Jahrhunderts lebt. Der 90jährige Kardinal-Großinquisitor lässt den wieder auf die Erde gekommenen Jesus verhaften, nachdem dieser am Portal der Kathedrale von Sevilla ein siebenjähriges Mädchen vom Tod erweckt hat. Das Volk ist von Jesus angezogen und zugleich erschrocken und bestürzt. Der Großinquisitor erlebt diese Heilung des Mädchens und die Reaktion der Menschen und befiehlt seinen Wachen, ihn zu ergreifen. Die Macht des Großinquisitors ist so groß, dass das Volk ihm ängstlich gehorcht. Die Wache bringt den Gefangenen in einen Kerker. In der Nacht kommt der Großinquisitor zu ihm und sagt:

›Bist Du es? Du?‹ Aber dann, da eine Antwort ausbleibt, fügt er schnell hinzu: ›Antworte nicht, schweige. Und was könntest Du auch sagen? Ich weiß nur zu gut, was Du sagen würdest. Du hast ja auch nicht das Recht, dem etwas hinzuzufügen, was Du bereits früher gesagt hast. Warum bist Du gekommen, uns zu stören? Denn Du bist gekommen, uns zu stören, und Du weißt es selbst. Weißt Du aber auch, was morgen geschehen wird? Ich weiß nicht, wer Du bist, und ich will nicht wissen: Bist Du es selbst oder nur Sein Ebenbild, aber morgen werde ich das Urteil über Dich sprechen und Dich als den schlimmsten aller Häretiker auf dem Scheiterhaufen verbrennen, und dasselbe Volk, das Dir heute die Füße küsste, wird morgen auf meinen Wink die Kohlenglut Deines Scheiterhaufens schüren – weißt Du das? Ja, vielleicht weißt Du es‹, fügte er hinzu, ohne auch nur für einen Moment den Blick von seinem Gefangenen abzuwenden.«[13]

Schließlich spricht der Großinquisitor über die Versuchungen Jesu in der Wüste und kommt dabei immer wieder auf die Freiheit zu sprechen:

»Du willst unter die Menschen treten und kommst mit leeren Händen, mit der Verheißung einer Freiheit, die sie in ihrer Einfalt und

als geborene Unruhestifter nicht einmal erfassen können, vor der
sie sich fürchten und zurückschrecken – denn es gab noch nie etwas
Unerträglicheres für den Menschen und für die menschliche Gesell-
schaft als die Freiheit! Siehst Du die Steine in dieser nackten glü-
henden Wüste? Verwandle sie in Brote, und die Menschheit wird
Dir folgen wie eine Herde, dankbar und gehorsam, wenn auch ewig
bangend, Du könntest Deine Hand zurückziehen und mit Deinen
Broten würde es ein Ende nehmen. Du aber wolltest dem Menschen
die Freiheit lassen und verwarfst das Angebot, denn was wäre das
für eine Freiheit, fragtest Du, wenn der Gehorsam mit Broten er-
kauft würde?«[14]

In dieser fast schon karikaturartig überzeichneten Parabel
Dostojewskijs zeigt sich die Gefahr der politischen Versuchung im Gewand klerikaler Machtansprüche. Denn Jesu Botschaft vom Reich Gottes stört das politische und kirchliche,
das heißt das religiös-administrative Tagesgeschäft und gefährdet die Macht über das Volk im Namen einer höheren Autorität, eben im Namen Gottes. Aber der Weg der Ideologisie-
rung pervertiert das Bild Gottes und erniedrigt den Menschen.
Verantwortung für den Anderen und für die Welt entspringt
aus der freien Bindung an Gott und wehrt so einer übergrif-
figen Unterwerfung der Person. Die Würde der menschlichen Person ist grundlegend für das politische Handeln und
für den Einsatz, der dem Gemeinwohl dient. Die Würde des
Menschen ist auch Grundlage für Glaube, Frömmigkeit, Spiritualität. Sie dürfen nicht der Selbstermächtigung und Selbsterlösung dienen; nicht der »homo faber« ist gefragt, sondern
der »homo religiosus«, der Mensch, dessen Freiheit aus Bindung entsteht und sich zur Liebe hin öffnet. Der Großinquisitor Dostojewskijs steht sinnbildlich für die politische und

kirchliche Versuchung, das himmlische Jerusalem schon im irdischen ganz realisieren zu wollen. Weder der Staat noch die Kirche sind das Reich Gottes auf Erden!

In der Spur dieser Provokation könnte man wohl sagen, dass bis heute einige von einem solchen Denken geprägt sind, in dem die herausfordernde und beunruhigende Gestalt Jesu eher stört, weil seine Person und sein Programm sowohl ein spirituelles wie – von den Konsequenzen her gedacht – politisches Potential haben, was Machthaber und »Wahrheitsbesitzer« zu allen Zeiten nicht gleichgültig sein konnte. Die Freiheit des Menschen, die im Leben und in der Verkündigung Jesu sichtbar wird, gründet in einer solchen transzendentalen Beziehung zu Gott und birgt gerade deshalb ein revolutionäres Potenzial!

Ich halte es für eine große Tragödie, dass die Geschichte der Freiheit und die Geschichte des Christentums und der Kirche sich voneinander entfernten und gelegentlich sogar feindlich gegenüberstanden, zuweilen bis heute. Das heißt nicht, dass Anfragen an eine ideologisch überzogene Autonomie des Menschen und eine verantwortungslose Freiheit nicht berechtigt waren und sind. Aber es reicht eben nicht aus, von kirchlicher Seite nur den langen Weg in die Emanzipationsbewegungen und einen Individualismus der Moderne zu beklagen und als dekadent zu bezeichnen, ohne den christlichen Kern dieser Dynamik zu sehen, aufzugreifen und positiv zu würdigen. Es geht darum, die Geschichte der Freiheit mit zu prägen, sodass sich der Gedanke der Freiheit nicht gegen den Menschen selbst richtet, sondern dem Menschen dienen kann. Wie auch immer: Heilsgeschichte und Weltgeschichte laufen nicht nebeneinander her, sondern sind aufeinander bezogen. Das zeigt sich besonders in der Geschichte der Freiheit.

Gab es in dieser Hinsicht verpasste Chancen? Ganz sicher, denn natürlich ist die Geschichte, auch die Geschichte der Kirche, kein »naturwüchsiger Prozess«, sondern immer auch eine Geschichte von vielen, auch vielen freien Entscheidungen und übersehenen Gelegenheiten und – theologisch gesprochen – auch von Schuld und Versagen, von Angst und feiger Bequemlichkeit.

Die Lektüre der Bücher »Die Verzauberung der Welt. Eine Kulturgeschichte des Christentums« von Jörg Lauster (2014) und von Bernd Roeck »Der Morgen der Welt. Geschichte der Renaissance« (2017) weckte bei mir neu den Gedanken: Vielleicht hätte gerade die Epoche der Renaissance ein Moment in der Geschichte werden können, in dem eine kreative Spannung und Weiterentwicklung in diesem Verhältnis möglich gewesen wären. Aber die durch politische und kirchliche Machtkonstellationen befeuerten konfessionellen Spaltungen und die folgenden schrecklichen Religionskriege haben eher zu einer weiteren Polarisierung und Verengung geführt und die Frage der formulierten und zu verteidigenden Wahrheit ins Zentrum gerückt. Schaut man den Reichtum von Kunst, Kultur, Philosophie und auch Theologie der Renaissance an, besonders im italienischen Kontext, meint man fast spüren zu können, dass sich hier eine durchaus biblisch fundierte und christlich verstandene Freiheitsidee zeigt, die den Einzelnen ins Blickfeld rückt, ohne den Bezug zur Welt und zu Gott zu vernachlässigen.

Sicherlich ist das eine Betrachtung der Kategorie »Was wäre wenn«. Dennoch kann ein solcher Perspektivwechsel aufmerksam machen für die Gegenwart und die Zukunft. Immer wieder gilt es, auf die verschiedenen Optionen zu schauen, Chancen nicht zu übersehen, neue Perspektiven des Denkens und

Handelns zu erkunden. Ohne Zweifel war das 15. und 16. Jahrhundert ein entscheidender Zeitraum für die Zukunft Europas und der Menschheit, und wohl auch eine Epoche verpasster Chancen und falscher Entscheidungen. Ohne Zweifel lässt sich feststellen, dass in dieser Zeit genügend geistige Ressourcen vorhanden waren, um die neuen Herausforderungen und Entwicklungen philosophisch, theologisch und politisch besser voranzubringen, als es dann geschehen ist. Anregungen, diesen Fragen weiter zu folgen, gibt auch Heinz Schilling in seinem wunderbaren Buch »1517. Weltgeschichte eines Jahres« (2017). Das gilt etwa auch im Blick auf die Auseinandersetzungen über die Menschenrechte, die gerade durch die Entdeckung und Eroberung des amerikanischen Kontinents neu zur Frage wurden. Es gab also durchaus hoffnungsvolle Ansätze, die Freiheitsgeschichte theologisch zu begleiten und zu vertiefen, auch wenn diese nicht immer sofort weitergeführt wurden, sondern zuweilen lange brachlagen.

Lernen aus der Geschichte

Wie immer ist es letztlich müßig zu spekulieren, was gewesen wäre, wenn …, aber es ist schon wichtig, sich vor Augen zu führen, dass Geschichte eben kein naturnotwendig verlaufender Prozess ist, sondern eben eine Geschichte freier Entscheidungen, in der es verpasste Chancen gab, die uns heute ein Aufruf, ja sogar eine Warnung sein können, aufmerksam die »Zeichen der Zeit« zu beobachten und im Licht des Evangeliums und von Vernunft und Glauben zu deuten.

So aber haben die Konfessionskriege in Europa eigentlich eher beschleunigt, was viele Politiker und Amtsträger der

Kirche verhindern wollten, nämlich einen säkularen Weg der Emanzipation und des Individualismus, der Menschenrechte und der Verfassungen, und vor allem der Trennung von Kirche und Staat, also ein Weg hin zu einer offenen und freien Gesellschaft; auch wenn diese Gesellschaften selbst durchaus Wert drauf legten (und legen), ihre religiösen Fundamente und Bezüge zu wahren, wie es etwa in der Verfassung der Vereinigten Staaten von Amerika der Fall ist.

Bis ins 20. Jahrhundert hinein fiel es besonders der katholischen Kirche schwer, in diesen säkularen Freiheitsbewegungen das Positive wahrzunehmen und anzuerkennen. Und vom »Syllabus Errorum« bis zur Erklärung »Dignitatis Humanae« des Zweiten Vatikanischen Konzils sind – wie schon festgestellt – noch einmal hundert Jahre verstrichen.

Wir können die Geschichte nicht nachträglich korrigieren, aber uns doch fragen, was wir im Blick auf die Freiheit lernen können. Hat die Kirche in ihrer Gegenbewegung zur Geschichte der Freiheit etwas Wichtiges festgehalten? Steckt in dieser Haltung auch etwas, das für heute von Bedeutung sein kann? Mindestens muss man festhalten, dass die Frage bleibt, wie Freiheit und Verantwortung miteinander verbunden werden können. Erneut stehen wir vor der Herausforderung, »Freiheit von« und »Freiheit zu« in Beziehung zu setzen. Freiheit – so haben wir gesehen – kann nur dann zum guten Leben beitragen, wenn sie verantwortliche Freiheit ist, eingebunden und ermöglicht durch Beziehungen und Verlässlichkeit.

Kann es diese Leitidee einer verantwortlichen Freiheit geben ohne einen letzten Bezugspunkt, den wir Gott nennen? Ich bin überzeugt, die »Gottesidee«, »das unsterbliche Gerücht« (Robert Spaemann), gehört konstitutiv zur Diskussion um Freiheit und Verantwortung. Nicht von ungefähr gab und gibt es engagierte Diskussionen darüber, ob und wie Gott etwa auch in einer Verfassung erwähnt werden soll. Das gilt für die Bundesrepublik Deutschland oder auch für die Länderverfassungen, und es galt auch für die durchaus heftigen Debatten, die im Zuge eines Verfassungsentwurfs für die Europäische Union stattgefunden haben. Mir hätte es damals durchaus gereicht, wenn in der Präambel einer zukünftigen Verfassung Europas stehen würde: Wir sind nicht Gott.

Auch die Freiheitsbewegung der Moderne, die Trennung von Kirche und Staat und die Säkularisierung lassen diese Frage nicht zum Verschwinden bringen: Wo ist das letzte Fundament der Freiheit und der Würde des Menschen? Wo sind die Grenzen der menschlichen Freiheit? Mögen viele Positionen der Kirche nicht nur unzeitgemäß, sondern möglicherweise auch unangemessen gewesen sein, diese von ihr gestellte Grundfrage und Grundposition ist weiterhin von höchster Bedeutung und hat sich nicht erledigt. Jürgen Habermas beschäftigt sich immer wieder mit den Verbindungslinien von Transzendenz und Vernunft, so auch in seinem jüngsten umfangreichen Werk »Auch eine Geschichte der Philosophie« (2019):

> »Die säkulare Moderne hat sich aus guten Gründen vom Transzendenten abgewendet, aber die Vernunft würde mit dem Verschwinden jeden Gedankens, der das in der Welt Seiende im Ganzen transzendiert, selber verkümmern.«[15]

Allerdings kann dieser Bezugspunkt nicht einfach von einer Seite exklusiv in Anspruch und in Besitz genommen werden, in einer Rhetorik der Behauptung allen »von oben her« aufoktroyiert werden. Die Wahrheit, auch die Wahrheit über Gott, kann ja kein Paket von Behauptungen sein, die von einer Religionsbehörde dekretiert werden.

Deshalb wird die Auseinandersetzung um Wahrheit und Freiheit weitergehen, sogar weitergehen müssen – innerhalb der Kirche und in der Welt.

Dieser kurze – zugegeben etwas sprunghafte – geschichtliche Durchgang macht mir einmal mehr deutlich, dass der entstandene Graben zwischen der biblisch begründeten christlichen Freiheitsidee und den gesellschaftlichen Freiheitsbewegungen schwer zu überbrücken war und ist. Ich halte es für eine der besonders herausfordernden Aufgaben der Theologie und auch der politischen Philosophie, hieran weiterzuarbeiten um der Zukunftsfähigkeit einer offenen und freien Gesellschaft, vor allem aber um der Freiheit des Menschen willen.

Eine Kirche jedoch, die in einer rein negativen Sicht der Moderne verharrt und sich zurückträumt in eine idealisierte Vergangenheit, in der die Wahrheit des Christentums von einigen Wenigen interpretiert und verwaltet allen Menschen aufoktroyiert werden könnte, ist nicht nur überholt, sondern sogar zu verhindern. Dass solche Stimmen zum Teil vermehrt zu hören sind, beunruhigt mich. Sie haben, wie schon Papst Johannes XXIII. in seiner Eröffnungsrede zum Zweiten Vatikanischen Konzil gesagt hat, »nichts gelernt aus der Geschichte«. Er bezeichnet solche Stimmen als »Unglücks-propheten« und stellt erfrischend fest: »Wir aber sind ganz anderer Meinung.«

Noch Papst Leo XIII. (1878–1903) hatte ja vehement vertreten, dass die katholische Kirche eigentlich Staatsreligion werden und da, wo sie es ist, unbedingt bleiben müsse. In diesem Zusammenhang könnte man provokant sagen: Die Kirche ist durchaus eingetreten für die Freiheit, aber eben für die Freiheit der Kirche, weniger für die Freiheit der Menschen. Erst das Zweite Vatikanische Konzil (1962–1965) hat hier neue Perspektiven eröffnet, die aber längst noch nicht zu Ende gedacht sind, etwa im Blick auf das Verhältnis von Demokratie und Kirche. Denn man kann nicht für die Freiheit eintreten und gleichzeitig eine »Äquidistanz« zu allen politischen Systemen einnehmen! Schon vor gut 30 Jahren habe ich deshalb in meiner Doktorarbeit geschrieben:

> »Als Gemeinschaft von Zeugen für das Heil aller kann sie [die Kirche] nicht von sich aus den Weg zur Minderheit und Sekte anstreben, sie muss – unter Beibehaltung einer Differenz – allen Menschen, allen Zeiten und Völkern das Christusereignis nahezubringen versuchen. Dabei lernt sie selber und erkennt das Wirken des Geistes auch außerhalb ihrer sichtbaren Grenzen. [...] Über das scheinbare Scheitern der Moderne kirchlicherseits zu triumphieren, wäre voreilig, denn das Christentum gehört selbst zu den Konstitutionsbedingungen der modernen Welt und ist wiederum von ihr auch positiv geprägt. Die Kirche ist deshalb nicht einfach ›Gegenbild‹ zur Gesellschaft, aber doch ›korrigierendes Gegenüber‹.«[16]

Dass die Geschichte der Freiheit auch eine negative Kehrseite hat, ist nicht zu bezweifeln. Mich hat in diesen Überlegungen ein Buch in besonderer Weise inspiriert, die »Dialektik der Aufklärung«. Max Horkheimer und Theodor W. Adorno haben gesehen, dass sich auch Freiheitskonzepte und gesellschaftlicher Fortschritt gegen den Menschen wenden können, wenn die Idee der Wahrheit und des Guten ausgeblendet und ersetzt werden durch Utopien. Totalitarismen, Ausbeutung und Unterdrückung waren die Folge und haben Millionen

Menschen das Leben gekostet. Vernunft und ideologisiertes, einseitiges Freiheitspathos kann auch »Ungeheuer« gebären. Vernunft kann zur rein »instrumentellen Vernunft« (Horkheimer), Freiheit zur Beliebigkeit verkommen. Relativismus und Beliebigkeit sind aber auch keine hinreichenden Antworten auf die Frage, wie ein Konzept der verantwortlichen Freiheit persönlich und gesellschaftlich gestaltet werden kann. Freiheit ist anstrengend! Freiheit bleibt eine »Anstrengung des Begriffs« (Hegel) und des Handelns. Wer sich dieser Mühe entzieht, läuft Gefahr, sich neuer Fremdherrschaft zu unterwerfen; heiße sie nun klassenlose Gesellschaft, totale Sicherheit oder geschlossene Identität.

Mir kommt in diesem Zusammenhang ein Sonett von Johann Wolfgang von Goethe in den Sinn, das im Bild von Natur und Kunst das Zueinander von Freiheit und Ordnung auf andere Weise illustriert:

>*»Natur und Kunst sie scheinen sich zu fliehen,*
>*Und haben sich, eh' man es denkt, gefunden;*
>*Der Widerwille ist auch mir verschwunden,*
>*Und beide scheinen gleich mich anzuziehen.*
>
>*Es gilt wohl nur ein redliches Bemühen!*
>*Und wenn wir erst in abgemess'nen Stunden*
>*Mit Geist und Fleiß uns an die Kunst gebunden,*
>*Mag frei Natur im Herzen wieder glühen.*
>
>*So ist's mit aller Bildung auch beschaffen:*
>*Vergebens werden ungebundne Geister*
>*Nach der Vollendung reiner Höhe streben.*

Wer Großes will muss sich zusammenraffen;
In der Beschränkung zeigt sich erst der Meister,
Und das Gesetz nur kann uns Freiheit geben.«[17]

Im Letzten geht es um die Frage, wie Freiheit eingebunden werden kann in das Verhältnis zum anderen, in das gesellschaftliche Gesamtgefüge und so einmündet in eine Perspektive des guten Lebens für alle. Wenn der Staat oder eine religiöse Institution mir detailliert vorschreiben, was ich tun muss, ist das Konzept der Freiheit eigentlich nicht zu halten. Staat und Kirche werden dann zu autoritären Systemen, in denen einige wenige entscheiden, was für andere gut sein soll. Der Weg der Freiheit ist abgeschnitten.

Natürlich sind hier Kirche und Staat sehr zu unterscheiden. Die Kirche kann sich auf die göttliche Offenbarung berufen, aber auch diese Offenbarung muss im Glauben, also in Freiheit, angenommen werden. Der Glaube kann nicht erzwungen werden. Es geht also auch hier um eine freie Zustimmung, um einen Bundesschluss, um eine in Freiheit eingegangene Beziehung. Auch der Staat ist letztlich auf eine grundsätzliche Zustimmung angewiesen, jedenfalls wenn er ein freier Staat sein will, der eine offene und plurale Gesellschaft repräsentiert. Er kann durch Gesetze bestimmte Verhaltensweisen erzwingen, aber er bleibt doch auf die freie Entscheidung seiner Bürgerinnen und Bürger angewiesen. Es geht darum, dass alle sich in Freiheit auch binden, dass sie Verantwortung übernehmen, etwa in Ehe und Familie, für die eigene Bildung, im Beruf, in der Solidarität mit den Schwachen. All das kann der Staat nicht durch Gesetze erzwingen, sonst wäre er letztlich ein totalitäres Gemeinwesen. Paul Kirchhof hat das einmal als die

»Achillesferse« des modernen Gemeinwesens bezeichnet. In seinem Buch »Beherzte Freiheit« (2018) beschreibt er diese aus der Freiheit selbst erwachsende Spannung:

> »Der Staat vertraut auf die Freiheitsfähigkeit und Freiheitsbereitschaft seiner Bürger. Er wäre befremdet, wenn ein erfolgreicher Mensch ihm sagte, er tue alles, was das Gesetz nicht verbiete. Eine solche Freiheit allein nach gesetzlicher Fremdbestimmung, ohne die Kraft zur Selbstbestimmung, zur Bildung eigener Handlungsmaßstäbe, zerstört Freiheit. Der Mensch muss den Mut entfalten, sich selbst freiheitliche Regeln zu setzen. Er muss wissen, ›was sich gehört‹. Dieses Vertrauen in den Menschen, seine Fähigkeit und Bereitschaft zum Besseren, zur Verantwortlichkeit, zum Gemeinsinn ist der Kerngehalt des modernen Verfassungsstaates.«[18]

Die Freiheit bleibt also in gewisser Weise ein »prekäres Unternehmen«, sie ist ohne Zweifel riskant. Die Skeptiker und Feinde der Freiheit schauen immer wieder auf diese »Achillesfersen«, um der gefährlichen Freiheit die stärkere Autorität des Staates, des Herrschers (oder in gewisser Weise auch der kirchlichen Autorität) entgegenzusetzen.

Aber kann die Angst vor der Freiheit und ihren Risiken mit Flucht in autoritäre Denk- und Gesellschaftsformen beantwortet werden? Freiheit, Gleichheit, Brüderlichkeit – Das waren die großen Worte der Französischen Revolution. Im Grunde geht es um die Frage, wie diese großen Worte wirklich gesellschaftliche Gestalt annehmen können. Wie kann Freiheit zusammengehen mit dem Respekt vor der Gleichheit aller und der Brüderlichkeit aller oder – moderner gesprochen – mit einer solidarischen Gesellschaft? Die Fragen bleiben.

Keine Freiheit ohne Wahrheit

Ob »der Fortschritt im Bewusstsein der Freiheit« wirklich durch die »List der Vernunft«, wie Hegel meinte, gesichert werden kann? Die Geschichte lehrt uns etwas anderes. Auch der Gedanke, dass die »Dialektik der Aufklärung«, die Risiken der Freiheit im Bereich des wirtschaftlichen Handelns durch die »List des Marktes« aufgehoben werden könnten, wie es Adam Smith vorgeschlagen hat, führt nicht immer zu den erwünschten Ergebnissen. Auch das ist offensichtlich. Deshalb war für Adam Smith selbst ja auch sein philosophisches Hauptwerk »Theorie der ethischen Gefühle« (1759) wichtiger als sein ökonomisches Hauptwerk »Wohlstand der Nationen« (1776). Durch die Entkoppelung von Moral und Marktgeschehen scheint ein Problem der Freiheit gelöst:

> »Nicht vom Wohlwollen des Metzgers, Brauers und Bäckers erwarten wir unsere Mahlzeit, sondern von deren Bedachtnahme auf ihr eigenes Interesse. Wir wenden uns nicht an ihre Menschenliebe, sondern an ihre Eigenliebe und sprechen ihnen nie von unseren eigenen Bedürfnissen, sondern von ihren Vorteilen.«[19]

Aber Adam Smith hatte erkannt: Ohne eine im Menschen selbst grundgelegte Sittlichkeit, also eine Orientierung am Guten, kann auch ein solches ökonomisches Freiheitskonzept nicht funktionieren, und vor allem kein Gemeinwesen, das den Rahmen für die Wirtschaft setzt und letztlich Freiheit garantiert.

Auch Immanuel Kant hat das Problem gesehen und, so könnte man sagen, versucht, ihm durch eine »List der Institution« beizukommen, wie er es in seinem berühmten Text

»Zum ewigen Frieden« deutlich macht, denn auch Institutionen kommen nicht aus ohne moralische Implikationen:

> »*Das Problem der Staatserrichtung ist, so hart wie es auch klingt, selbst für ein Volk von Teufeln (wenn sie nur Verstand haben), auflösbar und lautet so: ›Eine Menge von vernünftigen Wesen, die insgesamt allgemeine Gesetze für ihre Erhaltung verlangen, deren jedes aber insgeheim sich davon auszunehmen geneigt ist, so zu ordnen und ihre Verfassung einzurichten, dass, obgleich sie in ihren Privatgesinnungen einander entgegenstreben, diese einander doch so aufhalten, dass in ihrem öffentlichen Verhalten der Erfolg eben derselbe ist, als ob sie keine solche böse Gesinnungen hätten.‹ Ein solches Problem muss auflöslich sein.*«[20]

Kant geht davon aus, dass es auch in Institutionen Arrangements geben kann, die dem Ziel der Gleichheit und Brüderlichkeit aufhelfen, auch unter Berücksichtigung schlechter Neigungen der Einzelnen. Schlussendlich bleibt die Notwendigkeit eines außerhalb des Menschen liegenden Bezugspunktes, eine Gottesidee, die sich im Menschen selbst als kategorischer Imperativ widerspiegelt. Immanuel Kant hat dieses Prinzip in der »Grundlegung der Metaphysik der Sitten« 1785 formuliert: »Handle so, dass Du die Menschheit sowohl in Deiner Person, als in der Person eines jeden anderen jederzeit zugleich als Zweck, niemals bloß als Mittel brauchst.«

Die großen Protagonisten der Geschichte der Freiheit haben also durchaus alle das Problem der Kehrseite der Freiheit gesehen und die darin liegende Herausforderung verstanden. Ich fasse es für mich so zusammen: Es gibt wohl die Notwendigkeit einer »Aufklärung der Aufklärung«, um die Idee der verantwortlichen Freiheit weiterdenken zu können. Muss sich, kann sich aber Aufklärung denn noch selbst aufklären lassen? Dass die Aufklärung selbst ein Fortschritt ist, sollte nicht betont werden müssen; gleiches gilt für die Moderne und – wie schon gesagt – für die Freiheit. Aber die Aufklärung selbst beantwortet in ihrem Freiheitspathos nicht, was der Inhalt der Freiheit sein soll, und so kann diese auch eine Leerformel bleiben. Insofern muss die Freiheit gebunden werden an letztverbindliche Normen, an Wahrheit. Denn ohne Wahrheit steht Freiheit doch allzu leicht in der Gefahr, zur Beliebigkeit und zum Spielball der Interessen und der Macht zu werden.[21]

Ich bin der Überzeugung, dass wir wieder an einem Wendepunkt der Freiheitsgeschichte stehen. Werden wir eine Kultur der Freiheit nicht nur bewahren, sondern weiterentwickeln und festigen und im Blick auf alle Menschen weiter ausgestalten? Oder sind wir auf dem Weg zurück in autoritäre, ja vielleicht sogar totalitäre Modelle, die die Freiheit ideologisch unterhöhlen, entleeren und zum begrifflichen Dekorationsobjekt verkommen lassen? Es scheint zuweilen, dass der Ruf nach »dem starken Mann« und »der starken Frau« wieder deutlicher vernehmbar wird. Die alte Furcht vor der Freiheit ist wieder da bzw. immer noch nicht gebannt, und die Versuchung, sich der Arbeit am Projekt der Freiheit und der Herausforderung einer freien Gesellschaft zu entziehen, ist greifbar und spürbar.

Was Freiheit bedroht

Meines Erachtens müssen wir insbesondere zwei Bewegungen, die sich im Letzten gegen die Freiheit selbst wenden können (und schon gewendet haben), besonders im Blick behalten:

Die eine Bewegung, die sich gegen die Freiheit richten kann, ist ein ökonomischer Reduktionismus, der Fortschritt in materiellen Wachstumsraten misst und letztlich an globalen Kapitalverwertungsinteressen interessiert ist. Ich spreche von einem globalisierten, aber »primitiven« Kapitalismus, der sich mit dem Gewand der Freiheit verkleidet, Freiheit nur als ökonomische Freiheit sieht, als Freiheit, Gewinne zu machen oder einen guten »Deal«. Wissenschaft, Gesellschaft und Wirtschaft stehen in dieser Ausrichtung in Gefahr, zu bloßen Funktionen eines globalen, ökonomischen Wettbewerbs zu werden. Die Wirtschaft als ein Teilbereich der Gesellschaft hat so die Tendenz, alle anderen Gesellschaftsbereiche dem ökonomischen Prinzip zu unterwerfen. Auch der gesellschaftliche, wirtschaftliche und wissenschaftliche Fortschritt wird angetrieben durch Profitinteressen. Freiheit wird sozusagen »materialisiert« und erscheint »konsumierbar«.

Es geht mir nicht darum, Wirtschaftsinteressen und wirtschaftlichem Handeln ihre Legitimität und Bedeutung abzusprechen, aber ich sehe es doch sehr skeptisch, wenn die Ökonomie eine in sich abgeschlossene Eigenlogik entwickelt, die losgelöst ist von letzten Begründungen und die pragmatisch und praktisch zielorientiert vom Ergebnis her argumentiert, gemessen einzig am Kriterium der ökonomischen Effizienz. Das gute Leben, der Fortschritt werden nur gemessen am Bruttoinlandsprodukt (BIP), eine gute Gesellschaft ist eine Gesellschaft mit Wirtschaftswachstum.

Die zweite Bewegung, die ich meine, ist ein neu erwachter Autoritarismus oder Populismus, der – und das ist altbekannt und neu zugleich – auch Religion als Schwungrad nutzt, um das Konzept der Freiheit exklusiv auf jeweils ausgewählte

Gruppen, Nationen oder Kulturen zu beschränken. Unter dem Deckmantel der Identität werden auch die Religionen – und das gilt, soweit ich sehe, für alle Religionen – neu benutzt, um scheinbare Identität und Sicherheit zu ermöglichen in einer unübersichtlichen Welt, die auch durch einen globalisierten, ungebremsten Kapitalismus mit geschaffen wurde. Manche Vertreter der Religionen können der Versuchung nicht widerstehen, im Schwung dieser Instrumentalisierung selbst neu an Bedeutung zu gewinnen, und zahlen dafür den Preis, sich fundamentalistisch zu verbiegen und letztlich Feinde der Freiheit zu werden. Aus dem christlichen Glauben heraus, und damit auch für die Kirche, ist das ein inakzeptabler Weg, ein Schritt zurück in die falsche Richtung und, um es einmal drastisch zu formulieren, ein Verrat an der Freiheitsbotschaft Jesu. Der Glaube wird in den Dienst der Politik oder sogar der Ideologie genommen.

Bei diesen Tendenzen und Entwicklungen geht es nicht nur, was ja immer einmal wieder so anklingt, um die Zukunft oder gar Problemlagen westlicher Gesellschaften. Das wird offensichtlich, wenn wir die Einheit der gesamten Menschheitsfamilie in den Blick nehmen wollen, und das müssen wir als Christen auf jeden Fall tun. Das Christentum und ein jüdisch-christlich geprägter Westen haben doch die Menschenrechte und die Bewegungen hin zu Freiheit und Aufklärung nicht erfunden, sondern gefunden! Und diese »Freiheitsbewegungen« sind ja nicht exklusiv, sondern grundsätzlich universal wie die Menschenrechte. So unterschiedlich die Kulturen auch sind, im Fundament sind alle Menschen gleich und sind alle ohne Unterschied Bild Gottes und zur Freiheit berufen. Eine Ausbeutung oder Unterdrückung der einen durch die anderen lässt sich jedenfalls auf der Basis einer biblisch geprägten

Tradition nicht begründen. Der Gedanke der Freiheit ist nur dann glaubwürdig, wenn er alle Menschen im Blick hat, wenn der Horizont der Freiheit die gesamte Menschheitsfamilie umfasst, auch die kommenden Generationen.

Freiheit
trägt Verantwortung

Haben all diese Überlegungen wirklich etwas mit dem Glauben zu tun? Oder geht es hier nicht doch eher um ein politisches Programm? Ist Freiheit wirklich ein zutiefst religiöses, spirituelles, theologisches Thema? Und was bedeutet es für die Kirche von heute und das Leben der Menschen? Der Ansatz beim Exodus-Motiv hat ja schon gezeigt, dass das Thema der Freiheit tief in der biblischen Überlieferung verwurzelt ist. Es zieht sich schon seit der Schöpfungsgeschichte wie ein Leitmotiv durch die Glaubensgeschichte des Volkes Gottes, die Geschichte Israels, die Geschichte der Christen und auch der Kirche selbst, wenngleich zu oft vergessen, übersehen, verdrängt, abgelehnt.

Wenn jedoch die zentrale Botschaft des christlichen Glaubens die ist, dass Gott in Jesus von Nazareth Mensch geworden ist und die Zuwendung Gottes zum Menschsein selbst als freie Entscheidung und Tat Gottes geglaubt wird, dann muss in der Konsequenz alles, was der Entfaltung des Menschen als Ebenbild Gottes aufhilft, auch für den Glauben und die Theologie Relevanz haben.

In der langen Geschichte der katholischen Kirche wurde die individuelle Heilszusage allzu sehr auf die jenseitige Welt, das Leben nach dem Tod bezogen; entsprechend wurde davon abgeleitet, dass diese Erlösung auch verspielt werden könnte. Ein gewisser Individualismus ist nicht erst in der Neuzeit aufgekommen, sondern hat für die Suche nach dem Heil und dem ewigen Leben von Anfang an die Geschichte des Christentums und des Glaubens mitbestimmt.

Bei Augustinus gibt es dazu eine berühmte Stelle in seinen »Selbstgesprächen«, in denen es darum geht, worauf es eigentlich ankomme im Christentum. Augustinus' Antwort: »Gott und die Seele will ich erkennen.« Die Gestalt der Vernunft, mit der Augustinus dieses Selbstgespräch führt, fragt daraufhin: »Ist das wirklich alles?« Und seine Antwort lautet: »Das ist alles.« Auch solche Akzente haben natürlich einen weitreichenden Einfluss auf den Gedanken eines »geistlichen Individualismus« ausgeübt, bei dem es uns nur auf die Rettung der Seele und weniger auf die Rettung der Welt ankomme, zu der man ja sowieso als Individuum nichts beitragen könne.

Die Bibel hält aber dagegen, dass Gott eben nicht nur Individuen beruft, sondern die Menschen aus allen Völkern sammelt, damit sie gemeinsam ein Zeichen sind für die Einheit der ganzen Menschheitsfamilie und für die Einheit mit Gott. Das Volk Gottes soll Sakrament, also Zeichen und Werkzeug des Reiches Gottes, der neuen Welt Gottes sein, die am Ende von Gott selbst vollendet wird als »neuer Himmel« und »neue Erde« (vgl. OFFB 21,1). Kennzeichen dafür ist die »Freiheit der Kinder Gottes« (RÖM 8,21).

Freiheit kann jedoch – aus biblischer Perspektive – nur dann gelingendes Dasein ermöglichen, Zeichen dieses neuen Lebens sein, wenn sie Freiheit mit anderen und für andere ist. Auch das gehört, wie schon aufgezeigt, zu den wesentlichen Elementen des christlichen Menschenbildes.

Freiheit
in sozialer Dimension

Ich glaube, wir sind von Neuem herausgefordert, das Thema der Freiheit auch in die theologische, spirituelle und katechetische Dimension der Kirche zu integrieren. Wenn Erlösung nur noch individualisiert wird und die geschichtlichen, sozialen und politischen Aspekte ausgeblendet werden, geht etwas ganz Wesentliches in der Glaubensgeschichte der Kirche verloren, nämlich die Bedeutung des Volkes aus allen Völkern, die Bedeutung der Gemeinschaft und auch der Solidarität. Deshalb ist es mir wichtig, dass wir für das Verständnis des christlichen Glaubens, der dem Leben der Menschen dienen soll, wieder den Zusammenhang von Freiheit und Erlösung stärken sollten. Denn: Freiheit und Erlösung, die Befreiung des Menschen aus Zwängen, Angst und Sünde, die ja im Grunde Selbstverkrümmung ist, hat zu tun mit der Erlösung, der Rettung des Menschen aus einer »Zivilisation des Todes«.

Weil es so ein zentraler Gedanke ist, wiederhole ich noch einmal: Das Menschenbild der Bibel und des Christentums geht davon aus, dass der Mensch Person ist, die zur Freiheit und zur Verantwortung bestimmt ist. Dieses Verständnis vom Menschen kann auch philosophisch, das heißt von der Vernunft her verstehbar, nachvollziehbar, schlüssig begründet werden. Schon der Begriff der Person nimmt den Gedanken der Beziehung auf und macht deutlich, dass der Mensch nur »Ich« sagen kann im Anblick eines »Du«. Das eigene »Ich« wird erst abgrenzbar und somit auch erkennbar, wenn es ein Gegenüber, ein »Du« gibt. Damit ist die Freiheit, die ja kein abstraktes Phänomen ist, sondern die vom Menschsein nicht getrennt gedacht werden kann, immer auch auf ein »Du« bezogen und auf die Gemeinschaft, letztlich auf alle Menschen. Jede Freiheit ist auf die Andere und den Anderen hin ausgerichtet. Und die Freiheit der Einzelnen begrenzt sich somit auch gegenseitig und braucht Verantwortung als gleichsam strukturierendes Prinzip.

Ich meine, diese Überlegungen können auch nachvollziehbar sein für Menschen, die nicht an einen Gott glauben. Die Sehnsucht nach Glück, nach einem erfüllten Menschsein und – religiös gesprochen – nach Erlösung findet einen Weg darin, das eigene Leben als Gabe und als Aufgabe zu erkennen und in verantwortlicher Freiheit zu gestalten; in der Sprache des Glaubens: in der Liebe und Gnade Gottes zu leben.

Ich wünsche mir sehr, dass dieser Zusammenhang wieder stärker in den Blick gerät, und vor allem auch lebenspraktisch vertieft wird im persönlichen Lebensvollzug, also der christlichen Moral, wie auch in den Fragen der Sozialethik. Freiheit und Verantwortung zielen auf Gerechtigkeit, Gleichheit und Solidarität hin und haben somit eine soziale Dimension.

Besonders Thomas Pröpper ist der Wechselseitigkeit von Freiheit und Erlösung, von Freiheit und Solidarität in den letzten Jahrzehnten nachgegangen. Pröpper geht vom Personbegriff aus, also von der Bestimmung, dass der Mensch immer zugleich Individuum und Sozialwesen ist. Er macht deutlich, dass Freiheit nicht bewiesen werden kann, sondern sie wird angenommen und vorausgesetzt als Grundlage der Menschenwürde. Diese Voraussetzung ist notwendig, um verantwortliches Handeln zu gestalten und letztlich um Ethik zu begründen und gemeinschaftliches Leben zu ermöglichen. Thomas Pröpper zeigt das in seinem Werk sehr differenziert auf, insbesondere in seiner »Theologischen Anthropologie« (2011). Ich fasse das – stark vereinfacht – in drei aufeinander aufbauenden Aussagen zusammen:

1. Freiheit soll sein. – Das heißt: Der Mensch ist sich selbst Aufgabe und muss entscheiden, wie er sein Leben führt. Somit kann er sich der Freiheit gar nicht entziehen.
2. Freiheit soll andere Freiheit unbedingt anerkennen. – Das heißt: Das freie Handeln bezieht sich auf einen anderen Menschen (oder auch auf Gott) und erfordert somit diesen ersten Grundsatz der Ethik.
3. Freiheit trägt Verantwortung für eine Welt, durch deren Verhältnisse die Bestimmung aller Menschen zur Freiheit gefördert wird und ihre Anerkennung eine gemeinsame Darstellung findet.

Freiheit trägt Verantwortung! Das ist der entscheidende Punkt: Der Inhalt der Freiheit ist gerade diese Spannung, die zum Menschsein gehört, die Spannung zwischen Individuum und Sozialwesen, zwischen Selbststand und Beziehung. Aus dieser Grundspannung heraus ist der Mensch permanent gefordert, sich der Verantwortung zu stellen: für sich selbst, für die anderen und für die Welt, die Schöpfung.

Nochmals: Warum ist Gott Mensch geworden? Im Grunde doch, um dem Menschen den Weg in die Freiheit zu zeigen, ihn aus seiner Selbstbezogenheit zu befreien, auch aus Sünde und Tod. Für den christlichen Glauben hat Gott das getan, indem er in seinem Sohn Jesus Christus so klar Ja zum Menschsein, zum Leben sagt, dass selbst der Tod dem nichts mehr anhaben kann. Damit wird dem Menschen die Möglichkeit gegeben, sein Leben wirklich zu wagen, frei zu sein. Das eigentliche, unzerstörbare Leben ist nicht an das eigene Können oder Nicht-Können, an Erfolg oder Scheitern oder Ähnliches gebunden, es hängt von keinem menschengemachten Kriterium ab. Das Jawort Gottes ist unwiderruflich.

Zu Recht mag man hier einwenden, dass es einer gläubigen Zustimmung braucht, um diese Perspektive einnehmen zu können. Das ist durchaus richtig, denn hier wird deutlich, wo bei aller Bezogenheit auch der Unterschied zwischen Erlösung und Befreiung liegt. Erlösung ist ein Begriff des Glaubens und der Religion, Befreiung hingegen ist erst einmal »nur« ein Begriff, der innerweltlich begrenzt bleibt, der aber – so denke ich – schon das Potenzial zum Transzendieren, zur Grenzüberschreitung hat. Deshalb lässt sich doch eine Brücke schlagen, die einen Anschluss ermöglicht zwischen Befreiung und Erlösung: Hier kommt nun die Liebe ins Spiel. Die Freiheit soll – um den Begriff der Verantwortung und der Gemeinschaft weiterzuführen – den Raum schaffen für die Liebe. Und »Liebe kann nur gelingen, wo zugleich an Liebe geglaubt wird«.[22] So formuliert es Thomas Pröpper im Rückgriff auf Sören Kierkegaard.

Die christliche Hoffnung beruht auf diesem »Vorweg-Glauben«, der sich an Jesus Christus orientiert. Es ist der feste Glaube und die starke Hoffnung, dass Menschsein gelingen kann, ohne dass wir von der eigenen Hinfälligkeit und Endlichkeit überwältigt werden.

Dass das unbedingte Jawort Gottes zum Leben, zur Welt, zu mir konkret sichtbar geworden ist in der Gestalt Jesu von Nazareth, ist das Kennzeichen des christlichen Glaubens schlechthin. Der Schritt hin auf dieses konkret sichtbare Geheimnis, auf diesen Mensch gewordenen Horizont der Liebe ermöglicht, dass das Gesetz der Angst und der Selbstbehauptung durchbrochen werden kann. Erlösung und Befreiung zugleich geschieht, wo dieser Schritt auf diese Liebe hin in Freiheit ermöglicht und gewagt wird, und so Menschen »aus dem Tod in das Leben« schreiten (vgl. 1 JOH 3,14).

Dies kommt dem Gedanken sehr nahe, den schon Hegel formuliert und in dem er auf seine Weise versucht – so denke ich –, Erlösung und Befreiung ineinander und miteinander zu denken:

> »Diese Idee ist durch das Christentum in die Welt gekommen, nach welchem das Individuum als solches einen unendlichen Wert hat, indem es Gegenstand und Zweck der Liebe Gottes, dazu bestimmt ist, zu Gott als Geist sein absolutes Verhältnis, diesen Geist in sich wohnen zu haben, d.i., dass der Mensch an sich zur höchsten Freiheit bestimmt ist.«[23]

Gott und Freiheit sind auch für den großen Aufklärungsphilosophen Hegel kein Gegensatz; im Gegenteil, sie bedingen einander.

Zur Befreiung durch Liebe

Menschen können sich nicht selbst oder einander erlösen. Erlösung wird geschenkt und angenommen. Für den Christen wird sie von Gott geschenkt und ermöglicht durch Jesus Christus, in dem die unbedingte Liebe Gottes sichtbar wird und so zur Freiheit befreit. Das steht nicht den menschlichen Befreiungsbewegungen entgegen, sondern umfasst auch diese. Der Glaube an Jesus Christus zeigt auch ganz konkret – im Blick auf sein Leben und Handeln und seine Worte –, wie ein freier Mensch leben kann. Damit ist hier keineswegs eine Erinnerung an ein historisches Ideal aufgerufen, sondern eine echte Vergegenwärtigung angezeigt, denn dieser Jesus Christus lebt. Der christliche Glaube fokussiert sich nicht auf ein historisches Ereignis, sondern auf eine lebendige Wirklichkeit. Das revolutionäre Potenzial der Freiheit wird damit noch einmal auf die Spitze getrieben, eben in die jeweilige persönliche und gesellschaftliche Gegenwart.

Johann Baptist Metz hat die Dynamik dieser lebendigen Wirklichkeit immer wieder betont, wie ein Grundmotiv seiner Theologie: Die vergegenwärtigende Erinnerung, die Christen im Glauben vollziehen

»... ist nicht eine Erinnerung, die trügerisch dispensiert von den Wagnissen der Zukunft. Sie ist keine bürgerliche Gegenfigur zur Hoffnung. Im Gegenteil, sie enthält eine bestimmte Antizipation der Zukunft als einer Zukunft der Hoffnungslosen, der Gescheiterten und Bedrängten. So ist sie eine gefährliche und befreiende Erinnerung, welche die Gegenwart bedrängt und in Frage stellt, weil sie nicht an irgendeine offene, sondern eben an diese Zukunft erinnert und weil sie die Glaubenden zwingt, sich ständig selbst zu verändern, um dieser Zukunft Rechnung zu tragen.«[24]

In diesem Zusammenhang möchte ich auch an die Würzburger Synode (1971–1975) erinnern, die die (Erz-)Bistümer in Deutschland gemeinsam im Anschluss an das Zweite Vatikanische Konzil durchgeführt haben. Der Synodenbeschluss »Unsere Hoffnung« sieht es als Aufgabe der Kirche, nach dem Grund der christlichen Hoffnung zu suchen und neu Rechenschaft zu geben über den Glauben in dieser Zeit. Denn:

»Eine Kirche, die sich erneuern will, muss wissen, wer sie ist und wo-
hin sie zielt. Nichts fordert so viel Treue wie lebendiger Wandel.«[25]

Im ersten und umfangreichsten Teil des Beschlusses unter dem
Titel »Zeugnis der Hoffnung in unserer Gesellschaft« geht es
auch um den Glauben an Erlösung und Befreiung in der Hoffnung auf das Reich Gottes. Dort heißt es:

> »Wir Christen hoffen auf den neuen Menschen, den neuen Himmel
> und die neue Erde in der Vollendung des Reiches Gottes. [...] Wir
> können von diesem Reich Gottes nur in Bildern und Gleichnissen
> sprechen, so wie sie im Alten und Neuen Testament unserer Hoff-
> nung, vor allem von Jesus selbst, erzählt und bezeugt sind. Diese
> Bilder und Gleichnisse vom großen Frieden der Menschen und der
> Natur im Angesichte Gottes, von der einen Mahlgemeinschaft der
> Liebe, von der Heimat und vom Vater, vom Reich der Freiheit, der
> Versöhnung und der Gerechtigkeit, von den abgewischten Tränen
> und vom Lachen der Kinder Gottes – sie alle sind genau und uner-
> setzbar. [...]
> Die Verheißungen des Reiches Gottes, das durch Jesus unter uns un-
> widerruflich angebrochen und in der Gemeinschaft der Kirche wirk-
> sam ist, führen uns mitten in unsere Lebenswelt hinein – mit ihren
> je eigenen Zukunftsplänen und Utopien. An ihnen brechen und ver-
> deutlichen sich diese Verheißungen. [...]
> Gewiss ist das christliche Hoffnungsbild vom neuen Menschen im
> Reiche Gottes tief hineinverwoben in jene Zukunftsbilder, die die
> politischen und sozialen Freiheits- und Befreiungsgeschichten der
> Neuzeit bewegt haben und bewegen; es kann und darf von ihnen
> auch nicht beliebig abgelöst werden. Denn die Verheißungen des
> Reiches Gottes sind nicht gleichgültig gegen das Grauen und den
> Terror irdischer Ungerechtigkeit und Unfreiheit, die das Antlitz des

Menschen zerstören. Die Hoffnung auf diese Verheißung weckt in uns und fordert von uns eine gesellschaftskritische Freiheit und Verantwortung, die uns vielleicht nur deswegen so blass und unverbindlich, womöglich gar so »unchristlich« vorkommt, weil wir sie in der Geschichte unseres kirchlichen und christlichen Lebens so wenig praktiziert haben. Und wo die Unterdrückung und Not sich – wie heute – ins Weltweite steigern, muss diese praktische Verantwortung unserer Hoffnung auf die Vollendung des Reiches Gottes auch ihre privaten und nachbarschaftlichen Grenzen verlassen können. Das Reich Gottes ist nicht indifferent gegenüber den Welthandelspreisen! Dennoch sind seine Verheißungen nicht etwa identisch mit dem Inhalt jener sozialen und politischen Utopien, die einen neuen Menschen und eine neue Erde, eine geglückte Vollendung der Menschheit als Resultat gesellschaftlich-geschichtlicher Kämpfe und Prozesse erwarten und anzielen.

Unsere Hoffnung erwartet eine Vollendung der Menschheit aus der verwandelnden Macht Gottes, als endzeitliches Ereignis, dessen Zukunft für uns in Jesus Christus bereits unwiderruflich begonnen hat. Ihm gehören wir zu, in ihn sind wir eingepflanzt. Durch die Taufe sind wir hineingetaucht in sein neues Leben, und in der Mahlgemeinschaft mit ihm empfangen wir das ›Pfand der kommenden Herrlichkeit‹. Indem wir uns unter das ›Gesetz Christi‹ (GAL 6,2) stellen und in seiner Nachfolge leben, werden wir auch mitten in unserer Lebenswelt zu Zeugen dieser verwandelnden Macht Gottes: als Friedensstifter und Barmherzige, als Menschen der Lauterkeit und Armut des Herzens, als Trauernde und Streitende, im unbesieglichen Hunger und Durst nach Gerechtigkeit (vgl. MT 5,3 FF)

Dieses christliche Hoffnungsbild von der Zukunft der Menschheit entrückt uns nicht illusionär den Kämpfen unserer menschlichen Geschichte. Es ist nur von einem nüchternen Realismus über den Menschen und seine geschichtliche Selbstvollendung geprägt. Es zeigt den Menschen, der immer ein Fragender und Leidender bleibt: einer, den seine Sehnsucht stets neu mit seinen erfüllten Bedürfnissen entzweit und der auch dann noch sucht und hofft, wenn er in einer künftigen Zeit politischer und sozialer Schicksalslosigkeit aller Menschen leben sollte; denn gerade dann wäre er in radikaler, gewissermaßen unabgelenkter Weise sich selbst und der Sinnfrage seines Lebens konfrontiert. Dieser Realismus unseres Reich-Gottes-Gedankens lähmt nicht unser Interesse am konkreten individuellen und gesellschaftlichen Leiden. Er kritisiert nur jene Säkularisierungen unserer christlichen Hoffnung, die die Reich-Gottes-Botschaft selbst völlig preisgeben, aber auf die überschwänglichen Maßstäbe, die diese Botschaft für die Menschen und ihre Zukunft gesetzt hat, nicht verzichten möchten.«[26]

Ich halte diese Perspektive nach wie vor für aktuell und zeitgemäß, ja dringlich. Und sie ist ein Aufruf an die Kirche, den Ruf zur verantwortlichen Freiheit im individuellen wie im sozialen Leben ernst zu nehmen und gerade deshalb dem lebendigen Wandel Raum zu geben, der sich letztlich aus der in Gott selbst gründenden Freiheit ergibt.

Kirche im Dienst der Freiheit

Die Herausforderung für die Kirche liegt darin, nicht nur im Dienst der Einheit der einen Menschheitsfamilie und der Einheit der Menschen mit Gott zu stehen, sondern im Dienst der Freiheit. Es ist Aufgabe der Kirche, in ihrer Gemeinschaft, in der Feier der Gottesdienste, in der Verkündigung und in der Diakonie und in ihrem gesellschaftlichen Engagement zu verdeutlichen, was ein erfülltes menschliches Zusammenleben in Freiheit und in der Hoffnung auf die jetzt schon erfahrbare Erlösung ganz real bedeuten. Diese Herausforderung richtet sich auch an die Gestaltung kirchlicher Strukturen und der Beziehungen innerhalb des Volkes Gottes. Dazu muss die Kirche selbst auf allen Ebenen authentisch und glaubwürdig zeichenhaft handeln!

Wenn frei sein und katholisch sein nicht zusammengehören können, ist der Weg des Glaubens in die Zukunft versperrt, weil das den Grundintentionen des Evangeliums widerspricht. Selbstverständlich steht das immer unter dem Vorbehalt, dass auch die Kirche als menschliche Gemeinschaft nicht als Ganzes schon die erlöste Welt, die neue Schöpfung ist; sie ist nicht identisch mit dem Reich Gottes, sondern Zeichen dafür. Aber es muss sichtbar werden, dass dieses Zeichen nicht bloß Dekoration und Proklamation ist, sondern diese zeichenhaft erkennbare Wirklichkeit des neuen Lebens, einer wahren Freiheit, erfahrbar macht. Das erfordert auch einen ständigen Prozess der Veränderung, der Umkehr und Erneuerung von allen in der Kirche. Das Zweite Vatikanische Konzil hat in der

Erklärung über die Kirche in der Welt von heute – »Gaudium et Spes« (GS) – festgehalten:

> »Auch in unserer Zeit weiß die Kirche, wie groß der Abstand ist zwischen der von ihr verkündeten Botschaft und der menschlichen Armseligkeit derer, denen das Evangelium anvertraut ist. Wie immer auch die Geschichte über all dieses Versagen urteilen mag, wir selber dürfen dieses Versagen nicht vergessen, sondern müssen es unerbittlich bekämpfen, damit es der Verbreitung des Evangeliums nicht schadet. Die Kirche weiß auch, wie sehr sie selbst in ihrer lebendigen Beziehung zur Welt an der Erfahrung der Geschichte immerfort reifen muss.« (GS 43)

Die kirchlichen Skandale und Krisen der letzten Jahre haben die Dringlichkeit zur Erneuerung unterstrichen. Dabei geht es um wesentlich mehr, als um Veränderungen einiger Strukturen oder um moralische Appelle an einzelne Verantwortungsträger, sondern es geht um grundsätzliche Erneuerungen, die ernst damit machen, dass die Kirche ein Werkzeug Gottes ist, um die Befreiung und Erlösung der Menschen zu verkünden. Die Kirche hat sich nicht selbst erfunden, und sie ist auch nicht um ihrer selbst willen da! Wenn sie nicht Zeichen des Reiches Gottes ist, ist sie überflüssig!

Die These scheint stark: Kirche kann und darf dabei nicht einfach dem sogenannten »Zeitgeist« hinterherrennen oder sich blindlings an andere gesellschaftliche und politische Institutionen, Organisationen und Gebilde anpassen. Kirche ist anders! Denn sie hat in der Orientierung an Jesus Christus – in dem sie gründet und der sie leitet – einen eigenen Anspruch, den sie nicht aufgeben darf, ohne damit ihr Fundament aufzugeben. Diese Grundthese ließe sich theologisch noch weiter ausfalten. Aber es geht hier zunächst um die Grundaussage. Und es ist kaum bezweifelbar, dass hier im Kern durchaus etwas Wahres gesagt wird. Aber stimmt es im Ganzen?

Kirche und Gesellschaft: Ein Wechselverhältnis

Eins ist gewiss: Wenn die These von der Andersartigkeit der Kirche überzogen wird, entwickeln sich sowohl das tägliche Glaubensleben wie auch die Sozialgestalt der Kirche als Anachronismus, als neben der Zeit herlaufend. Diesem Bild liegt ein falscher Dualismus zugrunde, der von einer Immunisierungsstrategie geprägt ist, die versucht, die einmal gefundene Sozialform und Organisation gleichermaßen abzuheben, indem sie sakralisiert wird und somit unangreifbar erscheinen soll. Dass zugleich dieser Nimbus des Mysteriösen, scheinbar Ewigen und Fremden auch faszinierend ist, gehört durchaus zum Gesamtbild. Doch es geht ja nicht darum, dass die Kirche als aus der Zeit gefallene »Merkwürdigkeit« bestaunt und bewundert wird, sondern darum, ob sie das Evangelium wirklich allen Menschen verkündet und diese Wahrheit überzeugend lebt.

Schon ein kurzer Blick in die Geschichte der Kirche zeigt, dass sie sich in ihrer äußeren Gestalt, in ihren Lebensformen, in der Liturgie, in ihrer Spiritualität, auch in der Art und Weise ihrer Verkündigung, in der Entwicklung der Dogmen, immer neu auf den Weg gemacht und verändert hat, in der Überzeugung, dass Christus selber seine Kirche leitet und in den unterschiedlichen Kulturen und geschichtlichen Epochen zusammen mit dem Volk Gottes Wege findet, das Evangelium zur

Sprache zu bringen. Das gilt auch für die dogmatische Entwicklung etwa in der Christologie, in der Lehre vom Wesen der Kirche, der Gnade und in der rechtlichen Ausgestaltung des kirchlichen Lebens. Vieles hat sich im Lauf der Jahrhunderte entwickelt und es wird sich weiterentwickeln. Die Kirche hält jedoch auch daran fest, dass einmal gefundene Wahrheiten und Veränderungen ihrem Niveau nach nicht unterschritten werden können, aber sie sollten im Kontext der jeweiligen Zeit verstanden und weiterentwickelt werden können.

Diese Balance zu finden zwischen Bewahrung und Veränderung, ist eben auch anzuwenden auf die soziale Gestalt der Kirche, das heißt darauf, wie sie in ihrer Organisationsform und Struktur sichtbar wird. Das Zweite Vatikanische Konzil hat ganz richtig betont, dass Kirche und die Gesellschaft sich wechselseitig beeinflussen und so auch voneinander lernen. Die Frage ist also nicht, ob dieses Wechselverhältnis besteht, sondern wie es sich vollzieht.

Es gibt zweifelsohne Kriterien, Erkenntnismöglichkeiten und Einsichten, die helfen, die Kirche insbesondere in ihrer äußeren, sozialen Gestalt weiterzuentwickeln, ohne dass die dogmatische Substanz und das Glaubensgut beeinträchtigt werden. Jedenfalls war der heilige Papst Johannes XXIII. davon überzeugt, wie er es auch in seiner berühmten Rede zur Eröffnung des Zweiten Vatikanischen Konzils sagt:

»In der täglichen Ausübung Unseres Hirtenamtes dringen bisweilen betrübliche Stimmen an Unser Ohr, die zwar von großem Eifer zeugen, doch nicht von übermäßigem Sinn für Klugheit und für das rechte Maß zeugen. Sie sehen in den modernen Zeiten nur Unrecht und Niedergang. Sie sagen ständig, unsere Zeit habe sich im Vergleich zur Vergangenheit dauernd zum Schlechteren gewandelt.

Sie betragen sich, als hätten sie nichts aus der Geschichte gelernt, die doch Lehrmeisterin des Lebens ist, und als ob zur Zeit der früheren Konzilien alles nur im vollen Triumpf der christlichen Lehre, des christlichen Lebens und der rechten Freiheit des Glaubens vor sich gegangen sei. Doch Wir können diesen Unglückspropheten nicht zustimmen, wenn sie nur unheilvolle Ereignisse vorhersagen, so, als ob das Ende der Welt bevorstünde. In der gegenwärtigen Weltordnung führt uns die göttliche Vorsehung vielmehr zu einer neuen Ordnung der Beziehungen unter den Menschen. Sie vollendet so durch das Werk der Menschen selbst und weit über ihre Erwartungen hinaus in immer größerem Maß ihre Pläne, die höher sind als menschliche Gedanken und sich nicht berechnen lassen – und alles, auch die Meinungsverschiedenheiten unter den Menschen, dienen so dem größeren Wohl der Kirche.«[27]

Wenn gesagt wird, die Kirche ist hierarchisch organisiert und mit anderen menschlichen Gemeinschaften nicht vergleichbar, handelt es sich nur beim ersten Hinsehen um ein starkes Argument. Bei der hierarchischen Struktur geht es ja um die Ämter in der Kirche und um die Frage, wie Glaubensentscheidungen zustande kommen. Die Ämter haben ihre Vollmacht nicht »von unten«, sondern sind, im Sinn des unverfügbaren Heils, Gaben des auferstandenen Christus »von oben«. In gewisser Weise lehnt sich die hierarchische Struktur aber doch an der Praxis der Demokratie an, wenn es um die Klärung geht, durch welche Verfahren Entscheidungen im Blick auf Personen und Glaubensüberzeugungen getroffen werden. Dass bei der Nachwahl des Apostels Matthias das Losverfahren angewandt wurde, hat jedenfalls keine Fortsetzung gefunden in der Tradition der Bestellung zum Bischofsamt. Für die Suche nach der theologischen Wahrheit war es in der Geschichte der Kirche immer selbstverständlich, verschiedene Stimmen zu hören, ehe das kirchliche Lehramt die Debatte zusammenfasste und entschied. Immer ging es und geht es darum, in einem geordneten Gesprächsprozess innerhalb der Kirche, an dem möglichst viele beteiligt sind, zukunftsfähige Wege zu finden.

Der Synodale Weg

Diese Grundüberlegung steht auch hinter dem Synodalen Weg, den die katholische Kirche in Deutschland im Dezember 2019 begonnen hat. In einem intensiven Gesprächsprozess sollen dabei die verschiedenen Perspektiven, Ideen und auch Sorgen von der Synodalversammlung gemeinsam bedacht und weitergeführt werden. Das verlangt von allen Beteiligten die grundsätzliche Bereitschaft, einander offen zuzuhören, aufeinander unbefangen zuzugehen und stets davon auszugehen, dass alle, die sich beteiligen, ihren Beitrag leisten wollen zur Verkündigung des Glaubens heute in unserer Gesellschaft. Auch hierbei wird es die Entscheidungen und Voten der Synodalversammlung geben, und zu bestimmten Themen müssen die Bischöfe dann noch einmal mit einem eigenen Quorum entscheiden bzw. die Voten an den Papst oder ein Konzil weitergeben.

Die letzte Entscheidung des Papstes oder eines Konzils in Gemeinschaft mit den Bischöfen ist nicht als willkürliche Entscheidung gedacht, sondern beruht auf dem Glaubenssinn des ganzen Gottesvolkes (sensus fidelium) und der kirchlichen Gesinnung (sensus ecclesiae). Die Kommunikation zwischen Volk Gottes, Theologie und Lehramt ist eine zwingende Voraussetzung für das Leben der Kirche.

Auch wie Ämter in der Kirche besetzt werden, ist übrigens eine geschichtlich veränderliche Verfahrensfrage, die in verschiedenen Kulturen und Gesellschaften je anders organisiert wurde. Und Gleiches gilt für die Sozialgestalt der Kirche. Hierarchische Organisation bedeutet eigentlich nur die Anerkennung, dass die Kirche eben gerade nicht vom willkürlichen subjektiven Handeln Einzelner abhängig ist, sondern dass der Heilige Geist selbst wirkt, die Kirche in der Wahrheit Gottes hält und nicht zulässt, dass sie vom Weg Gottes abkommt. Dies gehört zum Kernbestand des katholischen Glaubens.

Der Souverän in der Kirche ist nicht das Volk oder einzelne Vertreter des Volkes, sondern Gott. Das bedeutet jedoch keineswegs, dass die Regelungen für dieses Miteinander nicht geschichtlichen und gesellschaftlichen Veränderungen unterworfen sind und auch sein können, ohne dass diese Grundmaxime in Frage gestellt wäre. Ein zentraler Abschnitt aus der Kirchenkonstitution »Lumen Gentium« (LG) des Zweiten Vatikanischen Konzils soll das noch einmal theologisch verdeutlichen:

>»Der einzige Mittler Christus hat seine heilige Kirche, die Gemeinschaft des Glaubens, der Hoffnung und der Liebe, hier auf Erden als sichtbares Gefüge verfasst und trägt sie als solches unablässig; so gießt er durch sie Wahrheit und Gnade auf alle aus. Die mit hierarchischen Organen ausgestattete Gesellschaft und der geheimnisvolle Leib Christi, die sichtbare Versammlung und die geistliche Gemeinschaft, die irdische Kirche und die mit himmlischen Gaben beschenkte Kirche sind nicht als zwei verschiedene Größen zu betrachten, sondern bilden eine einzige komplexe Wirklichkeit, die aus menschlichem und göttlichem Element zusammenwächst. Deshalb ist sie in einer nicht unbedeutenden Analogie dem Mysterium des

fleischgewordenen Wortes ähnlich. Wie nämlich die angenommene
Natur dem göttlichen Wort als lebendiges, ihm unlöslich geeintes
Heilsorgan dient, so dient auf eine ganz ähnliche Weise das gesell-
schaftliche Gefüge der Kirche dem Geist Christi, der es belebt, zum
Wachstum seines Leibes.« (LG 8)

Das gesellschaftliche Gefüge der Kirche wird analog verstanden zur menschlichen Natur Jesu, das heißt: mit dem Geheimnis der Menschwerdung Gottes verglichen. Menschheit und
Gottheit sind in Jesus nicht getrennt oder halbiert, sondern:
Jesus ist als ganzer Mensch auch Gottessohn, »ungetrennt und
unvermischt«, wie es das Konzil von Chalcedon formuliert hat.
Die Kirche hat Jahrhunderte gerungen in der Debatte mit zeit-
genössischer Theologie und Philosophie, um zu dieser radikalen und auch durchaus schwer verständlichen Aussage zu
kommen. Wenn man diesen Glaubenssatz nun anwendet auf
die Kirche, bedeutet das, dass der Geist Christi in der Sozialgestalt der Kirche so wirksam wird, wie die Gottheit Christi
im Menschen Jesus von Nazareth wirksam war.

Diese – zugegeben hochtheologische – Analogie wirkt sich
auch aus auf das Verständnis des Miteinanders in der Kirche.
Denn konsequent weitergedacht heißt das: Der Geist Gottes
setzt nicht das gesellschaftliche Element in der Kirche außer
Kraft, sondern lässt es aus einer neuen Perspektive erscheinen.
So wie auch Jesus ganz und gar Mensch war (er schlief, hatte
Hunger, war erschöpft, etc.), so sieht auch in der Kirche, insofern sie ja eine menschliche Gesellschaft ist, das Miteinander nicht völlig anders aus als in anderen Gesellschaften. Natürlich muss auch hier differenziert werden, denn der Begriff
Gesellschaft führt manche Unklarheiten mit. Aber dennoch
gibt es Erkenntnisse über das gesellschaftliche Miteinander,

die zu beachten sind, wenn man die Gesellschaft nicht selbst zerstören will. Nimmt man dazu noch einmal das grundlegende Menschenbild, eben als Person in Freiheit, dann ergibt sich meines Erachtens zwingend als Fazit:

Was allgemein für menschliches Miteinander und personenförderndes Zusammenleben gilt (und im Übrigen ja insbesondere von der Katholischen Soziallehre gefordert wird), kann im kirchlichen Leben selbst nicht aufgehoben werden. Andernfalls würde man die Kirche zu einer nicht-geschichtlichen und menschlicher Erkenntnis unzugänglichen Wirklichkeit erklären.

Nein, es geht nicht darum, eine »Zeitgeistkirche« zu schaffen, sondern die »Zeichen der Zeit« im Licht des Evangeliums zu deuten. Die »Zeichen der Zeit« sind auch ein locus theologicus, d. h. eine theologische Erkenntnisquelle, die noch zu wenig systematisch mit einbezogen wird. Diese Quelle in den Weg der Kirche zu integrieren, ist eine große theologische Aufgabe für heute und morgen. Denn damit die Praxis und die soziale, erfahrbare Gestalt der Kirche auch ein Zeichen der Freiheit und noch mehr ein Zeichen des neuen Lebens sein können, muss das ja für Menschen erfahrbar sein. Mir scheint, dass wir uns in gewisser Weise am Anfang einer neuen Epoche des Christentums und damit auch der Theologie befinden. Nicht dass wir 2000 Jahre einfach hinter uns lassen sollten; die gesamte bisherige Geschichte der Kirche mit ihren Glaubenssätzen und Erkenntnissen gehört mit zum Weg in die Zukunft. Selbstverständlich wissen wir, dass viele Erkenntnisse und Überzeugungen der Vergangenheit vergessen sind und keinen Bestand hatten. Eine Weiterentwicklung des Glaubens, der Theologie, des kirchlichen Lebens ist immer notwendig. Sie wurzelt in der biblischen Überlieferung und in

der kirchlichen Tradition und wird stets bereichert durch die
konkrete Verortung in der jeweiligen Gegenwart; sie nimmt
neue Erkenntnisse der Wissenschaft und vor allem auch die
Erfahrungen der Menschen auf; sie liest die »Zeichen der Zeit«.

Nicht die Asche bewahren, sondern die Glut weitergeben!

Der Glaube der Kirche und die sich daraus ergebende Le-
benspraxis der gläubigen Menschen dürfen eben keine abgeschlossene Echokammer bilden, sondern stehen im Grundauftrag ständiger Kommunikation und deshalb durchaus im
Vergleich mit anderen gesellschaftlichen Institutionen.

Diese Kommunikation vollzieht sich in »diachroner« und
»synchroner« Weise. Was heißt das? Die diachrone Perspektive: Zum Gespräch in der Kirche gehört der Blick auf die Einheit des Gottesvolkes durch die Geschichte hindurch, also die
Perspektive der Tradition, die nicht unterschreiten kann, was
in der Glaubenslehre und -praxis ein beständiges Niveau erreicht hat. Und es gehört dazu die synchrone Perspektive: Das
ist die gemeinschaftliche Gesprächsoffenheit der universalen
Kirche, der Lebenserfahrung und der Glaubensüberzeugung
aller weltweit lebenden Christen. Für die Beachtung dieser dia-
chronen und synchronen Gemeinschaft tragen die Bischöfe in
besonderer Weise Verantwortung; letztlich ist der Nachfol-
ger des heiligen Petrus das sichtbare Fundament der Einheit
für die ganze Kirche. Aber es geht hier nicht um ein »Selbstgespräch« des Lehramtes, sondern um einen lebendigen Erfah-
rungsaustausch des ganzen Volkes Gottes. Und dieser Kom-
munikationsprozess im Volk Gottes selbst und mit der Welt,

den geschichtlichen und sozialen Erfahrungen, ist immer in Beziehung zu setzen zum Weg der Befreiung, den Gott mit seinem Volk und darüber hinaus mit allen Menschen durch die ganze Geschichte hindurchgehen will, als Einladung und Zeichen für alle Menschen. Maßstab und Orientierung ist und bleibt dabei Christus.

In diesem Sinne glaube ich, dass wir einen Schritt weiter gehen müssen in der Theologie und im Leben der Kirche. Die Grundsignatur der Freiheit und Erlösung muss deutlicher werden und sich weiter entfalten.

Eine zu einseitige Orientierung etwa an Texten, an rein intellektuell gewonnenen Einsichten und an Zustimmungen zu satzhaft formulierten Wahrheiten versperrt den Weg in die Freiheit. Auch wenn unsere Kulturgeschichte philosophisch und theologisch an Texten orientiert ist und auch bleibt, empfinde ich es, je älter ich werde, doch als zu einseitig, wenn für neue Begründungszusammenhänge Zitate vergangener Zeiten angeführt werden, ohne deren jeweiligen geschichtlichen und sozialen Kontext und Erfahrungshorizont zu beachten. Spielen denn etwa das konkrete Leben des 3. und 4. Jahrhunderts, die realen Ängste und die Gottesvorstellungen der Menschen keine Rolle, sondern nur die theologische Reflexion, die in wenigen Texten überliefert ist? Können wir die Theologie des Mittelalters wirklich verstehen, wenn nicht auch die sozialen und politischen Kontexte im Blick bleiben, ebenso wie die realen liturgischen und katechetischen Erfahrungen der Menschen? Das gilt doch für alle Jahrhunderte. Und auch für heute. Kann es wirklich sein, dass die Theologie nur mit sich selbst im Gespräch ist, um Erkenntnisfortschritte zu gewinnen? Ich will gar nicht in Abrede stellen, dass die textorientierten wissenschaftlichen Methoden der Theologie wichtig sind. Aber gerade die Theologie muss doch den Menschen in seiner gesamten Wirklichkeit in den Blick nehmen und deshalb auch das jeweils konkrete Leben einbeziehen. Deswegen kann eine wirklich zukunftsfähige Theologie nicht ohne eine auch empirische Anthropologie und ohne sozialwissenschaftliche Perspektiven ihren Weg gehen.

Die Theologie und die Lehre der Kirche sind eben keine in sich geschlossene Echokammer, keine Blase, in der nur die miteinander und untereinander reden, die eh schon »drin« sind und sich als »die Wissenden« verstehen. Kirche muss ohne Angst in Bewegung bleiben. Es geht nicht um das Bewahren der Asche, sondern um die Weitergabe der Glut!

Hören und Sehen – Unterscheiden – Wählen und Handeln

In diesem Zusammenhang hat auch das Wort von Karl Rahner Bedeutung: »Der Fromme von morgen wird ein ›Mystiker‹ sein, einer, der etwas ›erfahren‹ hat, oder er wird nicht mehr sein (…)«[28]. Eine Kirche, die ihren Glauben hauptsächlich in theologisch reflektierten Texten und im Katechismus ausdrückt und das Element der Erfahrung, der geprägten Lebenswirklichkeit eher als persönlichen Anwendungsfall dieser gelernten Sätze begreift und nicht als existenziellen Ort der gläubigen Erfahrung selbst, wird Menschen kaum anziehen können. Der Glaube ist eben nicht das Fürwahrhalten von Sätzen, jedenfalls nicht nur, sondern lebendige Praxis der Liebe persönlich und gesellschaftlich, bis in die diakonische und politische Praxis hinein. Und der Glaube ist Feier und Fest, Liturgie, Gebet, mystische Entgrenzung und ja, warum nicht, auch »rauschhafte« Begeisterung, die das Alltägliche durchbricht und den Horizont öffnet für das unzerstörbare Leben. Nur im Miteinander, ja im gleichgewichtigen Miteinander dieser Orte des Glaubens – Denken, Erfahrung, Handeln und Feier – wird für mich diese neu beginnende Epoche des Christentums greifbarer. So wird Christsein noch mehr ein Weg in die Freiheit.

Gerade die katholische Kirche hat die Chance, das Denken und Erfahren und Handeln und Feiern zu einer Einheit zusammenzufügen. Eine Vereinseitigung dieser Elemente kann in die Irre führen, ideologisch verhärten, spekulativ bleiben, lebensfremd sein oder auch den Glauben emotional überwältigen und zum Event und zur Gefühlsreligion werden. Denken, Erfahren, Feiern und Handeln müssen zusammen gesehen und neu gewichtet werden. Das ist auch eine klare Absage an jeden Fundamentalismus, aber auch an jeden Relativismus und theologischen Rationalismus, und vor allem an eine »Schriftgelehrtenmentalität«, gegen die Jesus so deutlich aufgetreten ist.

Wie soll ein Mensch zum Glauben finden, wenn andere ihm sagen, was er glauben soll, er jedoch in seinem Inneren und in seiner Lebenswelt keine Anknüpfungspunkte dafür findet, was dieser Glaube auch erfahrungsmäßig zu bedeuten hat? Der Glaube ist ein existenzieller Lebensweg, ein Weg der Grenzüberschreitung, auf dem sich der Horizont der Freiheit erweitert im Blick auf Christus, der von vorne auf uns zukommt. Jesus selbst geht ja direkt auf die Menschen zu, ruft sie zum Glauben auf und ermöglicht so Heilung und neues Leben. Das lesen wir an mehreren Stellen in den Evangelien, etwa im Lukasevangelium: »Steh auf und geh! Dein Glaube hat dich gerettet« (LK 17,19). Es ist offensichtlich eine Erfahrung, die

die Menschen im wahrsten Sinne des Wortes bewegt und sie aufbrechen lässt.

Auch wenn die Verkündigung des Glaubens immer mit der Vermittlung von Wissen zu tun hat, damit die Botschaft Jesu und der Weg des Volkes Gottes bekannt gemacht werden, ist es doch meine tiefe Überzeugung, dass Gott selbst in jedem Menschen schon am Werk ist und seinen Weg mit diesem einen Menschen gehen will, sodass nicht wir Gott zu den Menschen bringen, sondern in der Begegnung miteinander das Wirken Gottes erkennen.

Wie viele Wege gibt es zu Gott? Es gibt darauf eine oft zitierte Antwort von Joseph Ratzinger: So viele wie es Menschen gibt. Wenn Menschen den Eindruck gewinnen, dass jemand anderes ihre Freiheit einschränkt, indem dieser vorgibt, besser als sie selbst zu wissen, was Gott über sie denke, dann wird der Zugangsweg zum Glauben über die eigene Erfahrung verhindert. Dann kann der Glaube zur Fremdbestimmung werden, ja zur Ideologie. Das hat aber nichts mehr mit der Freiheit des Menschen zu tun. In der Praxis des gelebten Glaubens – in der Familie, in der Pfarrei, in Gemeinschaften und Verbänden – soll erfahrbar werden, dass die Begegnung mit Jesus selbst, die Feier seiner Gegenwart, öffnet und befreit und nicht abhängig und ängstlich macht.

Papst Franziskus ist in besonderer Weise durch den Weg der Ignatianischen Exerzitien geprägt und wendet sie auch auf den Weg der Kirche insgesamt an.[29] Diese Form der Exerzitien zeigt einen möglichen Weg des Einzelnen und auch des ganzen Volkes Gottes auf, der in drei Grundschritten gegangen wird: Hören und Sehen – Unterscheiden – Wählen und Handeln. Der Weg zum Glauben, zur freien Entscheidung des Glaubens beginnt mit dem Hören und Sehen des eigenen

Lebens, der eigenen Erfahrung. Im zweiten Schritt soll die Botschaft des Evangeliums – gelesen im Kontext der Kirche – zur Unterscheidung aufhelfen und kann dann schließlich im dritten Schritt zu einer freien und verantwortlichen Wahl führen, zu einer Entscheidung, ob ich Christ werden oder bleiben will und wie und wo ich das sein kann. Es ist Aufgabe der Kirche, Menschen zu begleiten, die diesen Weg gehen wollen. Das ist eigentlich die Grundhaltung einer Katechese und einer Pastoral, die der verantwortlichen Freiheit des Menschen verpflichtet ist.

Vor allem geht es ja in den Ignatianischen Exerzitien darum, dass der Mensch zu seiner eigentlichen Berufung geführt wird. Völlig verfehlt wäre die Vorstellung, hier sei eine Fremdbestimmung angezielt, ein von außen kommendes Ziel, um jemanden in eine ganz andere Richtung zu führen, als er selber kann und will. Es geht eben nicht um Manipulation, sondern um Begleitung auf dem eigenen Weg. Es geht vielmehr darum, dem zu entsprechen, was eigentlich im Tiefsten der Sinn meines Lebens sein könnte und ist, und den Möglichkeiten Gottes zu vertrauen. In der Praxis konnte ich dieses Grundschema, das für Papst Franziskus so wichtig ist, auf allen Bischofssynoden der letzten Jahre miterleben. Das meint Papst Franziskus wohl im tiefsten Inneren, wenn er immer wieder von einer »synodalen Kirche« spricht, einer Kirche, die im Sinne der geistlichen Übungen miteinander die Schritte »Hören – Unterscheiden – Wählen« geht und so ein Zeichen verantwortlich gelebter Freiheit sein kann.

Auch wenn es für manche befremdlich klingen mag, ganz wesentlich kann dieser Eintritt in den Raum der Freiheit im Gebet und in der Liturgie der Kirche erfahren werden. Das gilt besonders für die Feier der Sakramente an Wendepunkten des Lebens, wie Geburt, Hochzeit, Tod und Trauer, und am dichtesten für die Feier der Eucharistie. In diesen Feiern wird die Erfahrung gegenwärtig, dass Gott selbst der Garant der Freiheit ist. Deshalb gehört es zu den bedeutsamen Aufgaben der Kirche, Räume des Gebetes, der Feier der Gottesdienste, der Spiritualität für die Menschen aufzuschließen. Das heißt, auch die unterschiedlichsten Erfahrungswege der Menschen anzuerkennen und ihnen gleichermaßen Schätze der Tradition der Kirche so nahezubringen, dass sie deren Bedeutung und Bereicherung für ihr persönliches Glaubensleben und ihr Gebet erfahren können und sie ihre Erfahrung einbringen und integrieren können. Das Gebet ist ein Ort der Freiheit.

Manche fragen: Relativiert die Orientierung am Leben der Menschen denn nicht den Wahrheitsanspruch des christlichen Glaubens? Wird hier nicht die Freiheit der Wahrheit übergeordnet? Ich jedenfalls kann das nicht erkennen. Denn die Wahrheit des Glaubens ist nicht nur ein Konzentrat, das in Texten gesichert vorliegt, sondern muss sich ebenso bewähren in der Praxis des Glaubens, der Liturgie und der Caritas. Wahr wird der Glaube nicht durch Texte, sondern durch Personen, die lebendige Zeichen der Wirklichkeit Gottes unter uns werden. Das »Medium« der Wahrheit ist kein Kultbild, kein Schriftstück, sondern eine Person, nämlich Jesus Christus. In der Taufe werden wir mit ihm aufs Engste verbunden, »ziehen ihn an« (vgl. GAL 3, 27; RÖM 6). In der Eucharistie nehmen wir Christus auf im Brot des Lebens, das er selber ist. So ereignet sich die Wahrheit des Glaubens.

Auch in ökumenischen Gesprächen wiederhole ich es immer wieder: Es ist zu wenig, einfach nur auf Texte zu schauen und darauf zu drängen, dass man einem Text endlich zustimmen kann. Das ist ein unendliches und manchmal vergebliches Bemühen und lässt viele ratlos zurück, erst recht die überwältigende Mehrheit der Gläubigen, die nicht verstehen, von was da eigentlich gesprochen wird. Auch in dem Bemühen um die Einheit aller Christen sollte neben dem Ringen um Übereinstimmung in Formulierungen noch stärker die Offenheit dafür wachsen, auch die Gemeinsamkeit des Gebetes und der Praxis der Liebe in gleicher Weise als Ort der Wahrheit zu sehen. Denn alle, die auf den Namen des Vaters und des Sohnes und des Heiligen Geistes getauft sind, gehören ja zu dem einen Leib Christi, sind also schon in gewisser Weise gemeinsam Kirche.

Praxis des Glaubens und des Lebens
in neuer Beziehung

Die Suche nach der Wahrheit ist nicht die Suche nach einem abstrakten Begriff, ebenso wenig wie bei der Suche nach der Freiheit. Für Christen ist es die Offenheit, der Blick auf eine Person: Jesus Christus. Kaum jemand wird behaupten können, die Kirche habe diese Wahrheit in der Person Jesu Christi wirklich schon in ihrer ganzen Tiefe und Weite ermessen. Alle in der Kirche sind gemeinsam auf diesem einen Weg, um der Wahrheit in dieser Person zu begegnen und sie je neu zu leben.

Das ist das Grundmoment einer synodalen Kirche, in der alle ihre Erfahrungen, Überzeugungen und ihren Glaubensweg einbringen, aus dem heraus der Papst und die Bischöfe in ihrer Verantwortung den Glauben der Kirche verkünden und festhalten und das gelebte Zeugnis als Orientierung für alle vorstellen. Aber nicht die Bischöfe allein sind es, die den Glauben der Kirche ins Wort bringen. Daran sind alle Gläubigen beteiligt in ihrer je eigenen Berufung.

In diesem Sinne erwarte und erhoffe ich eine neue Epoche des Christentums. Zu dieser neuen Epoche muss auch eine neue Theologie gehören, die stärker theologische Texte, Praxis und geistliches Leben der Kirche zusammenführt. Dabei ist die Heilige Schrift das wichtigste Zeugnis der Offenbarung, die Offenbarung ist Jesus Christus selbst. Es muss eine Theologie sein, die noch stärker lernt, die »Zeichen der Zeit« im Licht des Evangeliums zu deuten und die Wahrheit des Glaubens nicht einfach nur in intellektuellen Betrachtungen und textlichen Erörterungen weiterzutragen; eine Theologie, die viel stärker die Praxis des Glaubens und des Lebens in das eigene Sprechen einbezieht. Die Geschichte der Kirche geht nicht zu Ende, davon bin ich überzeugt! Zu Ende geht aber möglicherweise eine bestimmte Sozialgestalt und auch eine bestimmte Sprache. Wir spüren es doch: Es wird sich vermutlich vieles ändern an Strukturen, Denkmustern und kirchlichen Lebensgewohnheiten. Das betrifft das Zueinander von Freiheit und Gehorsam, Glaube und Leben, das Verhältnis von Männern und Frauen, Laien und Klerikern, Vielfalt und Einheit in der Kirche. Diese Themen stehen auf der Tagesordnung. Und die Diskussionen darüber wurden in besonderer Weise beschleunigt durch die Debatte um sexuellen Missbrauch im Raum der Kirche. Bei mir jedenfalls hält die Erschütterung darüber an, dass »Schein« und »Sein« in der Kirche selbst so eklatant auseinanderfallen konnten und vielfach weiter auseinanderfallen. Durch das interdisziplinäre Forschungsprojekt »Sexueller Missbrauch an Minderjährigen durch katholische Priester,

Diakone und männliche Ordensangehörige im Bereich der Deutschen Bischofskonferenz« (kurz »MHG-Studie«) wurden Fragen aufgeworfen, die nicht einfach beantwortet oder gar beiseitegeschoben werden können. Sie sind ein Teil des notwendigen Aufbruchs in eine neue Epoche des Christentums in unserem Land.

In diesen Fragen gründet auch der Synodale Weg der Kirche in Deutschland mit den Themenbereichen, die hierbei in besonderer Weise auf der Agenda stehen müssen: die Fragen nach Macht, Partizipation und Gewaltenteilung, nach der Rolle der Frauen in Diensten und Ämtern der Kirche, die Frage nach der priesterlichen Lebensform und die Fragen der Sexualmoral. Für mich lautet die Leitfrage für diesen Synodalen Weg: Ist die Kirche – in ihrer äußeren Gestalt und in ihrer eigenen Lebensweise – ein Zeichen der verantwortlichen Freiheit, die an Jesus Christus orientiert ist?

Ein entscheidender Punkt in diesen Debatten ist die Frage nach der Beteiligung von Frauen in Ämtern und Diensten der Kirche, denn an diesem Punkt, der im Übrigen für Frauen und Männer gleichermaßen relevant sein sollte, stehen ein weithin geteiltes Verständnis von Befreiung, Gleichheit und Gerechtigkeit der Tradition der Kirche scheinbar am deutlichsten entgegen. Die Begründungen für das Verhältnis von Frauen und Männern im Bereich der Dienste und Ämter ist immer schwerer vermittelbar und wird von vielen innerhalb der Kirche und erst recht außerhalb als unvereinbar mit der Idee der verantwortlichen Freiheit angesehen. Und ich kann das gut verstehen. Die Kirche selbst hat die Emanzipationsbewegungen als »Zeichen der Zeit« verstanden, und sie wird in dieser Frage selbst zu wenig als Zeichen der Freiheit wahrgenommen.

Im sogenannten »Instrumentum laboris« (IL), das heißt also der Arbeitsgrundlage für die Vorbereitung und Debatten während der Jugendsynode, war diese Spannung auch klar benannt:

»*Die Wut junger Menschen angesichts von Korruption und zunehmender struktureller Ungleichheit, von Nichtachtung der Menschenwürde, Menschenrechtsverletzungen, Diskriminierung von Frauen [auch in der Kirche] und Minderheiten, organisierter Gewalt und Ungerechtigkeit scheint in den Antworten der BK [= Bischofskonferenzen] nicht genügend berücksichtigt.*« (IL 128)

Ich will zu diesem Punkt wiederholen, was ich bei meinem Statement während der Jugendsynode vor Papst Franziskus und den Synodenteilnehmern aus aller Welt gesagt habe: Wenn die Kirche die Wahrung der Würde der Frau unterstützen will, dann reicht es sicher nicht, die entsprechenden lehramtlichen Texte zu wiederholen. Wir müssen uns den oft unbequemen und ungeduldigen Fragen der jungen Menschen nach der Gleichberechtigung von Frauen auch in der Kirche stellen. Wir können uns nicht einfach aus den Diskursen der Gegenwart heraushalten und müssen neu eine Streitkultur lernen, um uns argumentativ und orientierend in die gesellschaftlichen Debatten zu zentralen Grundfragen des Menschseins wie der Sexualität, der Rollen von Frauen und Männern und der menschlichen Beziehungsgestaltung einzubringen. Und wir müssen um der eigenen Glaubwürdigkeit willen Frauen auf allen Ebenen der Kirche, von der Pfarrei bis auf die Ebenen von Bistum, Bischofskonferenz und auch im Vatikan selbst, noch weitaus mehr an Führungsaufgaben beteiligen. Wir müssen das wirklich wollen und auch umsetzen! Der

Eindruck, dass die Kirche, wenn es um die Macht geht, letztlich eine Männerkirche ist, muss in der Weltkirche und auch im Vatikan überwunden werden. Sonst werden junge Frauen in der Kirche keine wirkliche Gestaltungmöglichkeit für sich sehen. Es ist höchste Zeit!

Frauen in der Kirche

Deshalb bin ich persönlich froh darum, dass der Ständige Rat der Deutschen Bischofskonferenz im November 2018 beschlossen hat, den Anteil von Frauen in den höheren Führungspositionen, die allen Laien offenstehen, in den nächsten fünf Jahren auf ein Drittel und mehr zu steigern. Es geht um Führungsaufgaben in den Generalvikariaten und Ordinariaten unterhalb der Position des Generalvikars, wie z. B. die Leitung des Bauamtes, der Finanzabteilung, der Öffentlichkeitsarbeit, der Personalverwaltung, des Schul- oder Seelsorgeamtes usw. Auch wenn vielleicht nicht alle Bischöfe den Beschluss einer Quote favorisierten, so gibt es doch im deutschen Episkopat keinen wirklichen Dissens zu dem dahinterstehenden Anliegen: Wir müssen und wir wollen Frauen noch viel mehr an den Leitungsaufgaben in der Kirche beteiligen. Einige Bistümer (so auch das Erzbistum München und Freising) gehen weiter hinsichtlich einer Aufteilung der Aufgaben des Generalvikars, sodass diese auch von Frauen wahrgenommen werden können.

Hinter dieser Entscheidung stehen theologisch-anthropologische Überlegungen sowie ekklesiologische Erkenntnisse und kirchlich-pastorale Erfahrungen der letzten Jahre. Papst Johannes XIII. hat bereits 1963 die Tatsache, dass Frauen ihr

Recht auf gleiche Teilhabe am öffentlichen Leben geltend machen, als ein »Zeichen der Zeit« benannt (PT 22). Das Zweite Vatikanische Konzil und die Päpste von Paul VI. bis heute haben – nicht zuletzt auch angesichts des gesellschaftlichen Wandels im Selbstverständnis und Bild der Frau – die Bedeutung und aktive Stellung der Frau auch in der Kirche betont und theologisch vertieft. Daran erinnert auch das Schlussdokument der Sonderversammlung der Bischofssynode für den Amazonas (vgl. NR. 100).

Die deutschen Bischöfe haben diese theologischen und ekklesiologischen Vorgaben 1981 in einem grundlegenden Text »Zu Fragen der Stellung der Frau in Kirche und Gesellschaft« für die Kirche in Deutschland konkretisiert. Denn die vielen würdigenden lehramtlichen Äußerungen zur Würde und Berufung der Frau führen konsequenterweise zur Frage, was dies für die aktive Teilhabe von Frauen nicht nur am gesellschaftlichen Leben, sondern auch an den Diensten und Ämtern der Kirche bedeutet. In dieser Veröffentlichung haben die deutschen Bischöfe eine theologisch-anthropologisch begründete Leitlinie für das Verständnis und Verhältnis von Männern und Frauen dargelegt. Grundsätzliche Punkte sind: »Mann und Frau sind gleich als Person« (8), aber »in der Ausprägung ihres Menschseins verschieden« (12) und darum »auf gegenseitige Partnerschaft angewiesen« (16). Denn nur im partnerschaftlichen Zusammenwirken von Männern und Frauen in der Gesellschaft wie auch in der Kirche auf allen ihren Ebenen, kann das volle Menschsein sichtbar und damit der Schöpfungsauftrag Gottes erfüllt werden. Für den Bereich der Kirche sagten die Bischöfe schon damals zu, sich dafür einzusetzen, dass »Frauen zu allen Diensten zugelassen werden, die theologisch möglich, pastoral sinnvoll, angemessen und notwendig sind«

(19). Im Blick auf die Gesellschaft erwarteten die Bischöfe, dass die Kirche damit zu einem »Modell für das gleichwertige und partnerschaftliche Zusammenleben und -wirken von Männern und Frauen« (19) wird.

In den folgenden Jahren wuchs zwar der Anteil von Frauen unter den pastoralen Mitarbeitern und bei den caritativen Diensten, aber in den Leitungsaufgaben und bei den Leitungsstellen blieben sie stark unterrepräsentiert. Dreißig Jahre später haben wir von Seiten der Deutschen Bischofskonferenz darum eine Untersuchung in Auftrag gegeben, um valide Zahlen und Fakten zur Teilhabe von Frauen an den allen Laien möglichen Leitungsfunktionen in den Diözesen zu erhalten.

Die erhobenen Zahlen machten deutlich: Der Rückgang an Berufungen zum Priestertum führt in der Personal- und Pastoralentwicklung auch dazu, dass die dem Priester vorbehaltene Leitung vor allem in der Seelsorge und in den größer werdenden Pfarreien notwendig ist und die Zahl der leitenden Priester in den Verwaltungen zurückgeht. Das eröffnet qualifizierten Laien neue Führungsebenen in der Kirche. Der gegenüber den männlichen Laien deutlich geringere Anteil von Frauen in den Leitungspositionen der Generalvikariate und Ordinariate – und das gilt entsprechend auch für alle anderen Bildungs- und Sozialeinrichtungen der Kirche (z. B. Schulen, Akademien, Krankenhäuser usw.) – hat nur bedingt etwas mit ihrem Ausschluss von der Ordination zu tun. Der geringe Frauenanteil auch in den kirchlichen Leitungsaufgaben hat viel mehr mit einer »männerbündischen« Kultur zu tun, die es männlichen Laien leichter macht, in diese Aufgaben berufen zu werden bzw. aufzusteigen. Diese Kultur gibt es auch in anderen gesellschaftlichen Bereichen, etwa in Politik und Wirtschaft. Es reicht also nicht, eine aktive Stellung von Frauen in der Kirche theologisch und anthropologisch zu begründen, es braucht auch eine Kulturveränderung, die ebenso die Männer und ihr Selbstverständnis im Blick auf Frauen einbezieht. Darauf haben die deutschen Bischöfe ebenfalls in ihrem Schreiben von 1981 bereits hingewiesen: »Jede Veränderung im Selbstverständnis der Frauen berührt zugleich das Selbstverständnis der Männer. Es ist ein Irrtum zu meinen, es ginge nur um die Probleme der Frauen bzw. um ein Mehr an Mitverantwortung und Mitwirkung der Frauen. Es geht um die gemeinsame, partnerschaftliche Verantwortung und Mitwirkung von Männern und Frauen in der Kirche. Männer, Männergruppen und -verbände [...] müssen zugleich ihre eigene Situation und Problematik erkennen [...].« (20) Die deutschen Bischöfe haben die erhobenen Zahlen und Entwicklungen 2013 ausgewertet und konkrete Maßnahmen beschlossen, um den Anteil von Frauen in den kirchlichen Leitungsaufgaben deutlich zu erhöhen. Die Ergebnisse wurden in der sogenannten »Trierer Erklärung« vom 21. Februar 2013 der Öffentlichkeit vorgestellt. Darin verpflichteten die Bischöfe sich, den Anteil von Frauen an den kirchlichen Leitungspositionen deutlich zu erhöhen, aber auch die Gesichter und damit die Anliegen von Frauen in der Kirche vor allem in der Öffentlichkeitsarbeit sowie in der Leitung von Pressestellen sichtbarer zu machen, die Vereinbarkeit von Beruf und Familie für Frauen und Männer im kirchlichen Dienst zu fördern, die Berufsperspektiven für junge Theologinnen in der Lehre und in der Pastoral zu verbessern, den Leitungsbegriff theologisch und ekklesiologisch zu vertiefen und sich für eine geschlechtersensible Pastoral einzusetzen.

Nicht zuletzt waren es Worte aus dem Apostolischen Schreiben des Heiligen Vaters »Evangelii Gaudium« (2013), die uns ermutigt haben, diesen Weg weiter zu gehen. Papst

Franziskus fordert darin ausdrücklich: »Doch müssen die Räume für eine wirksamere weibliche Gegenwart in der Kirche noch erweitert« und ihr Beitrag »an den verschiedenen Stellen, wo die wichtigen Entscheidungen getroffen werden, in der Kirche ebenso wie in den sozialen Strukturen« garantiert werden (EG 102).

Team orientiertes Leitungsbild

Seit der »Trierer Erklärung« wurden zur Umsetzung verschiedene Projekte aufgesetzt und durchgeführt. Ich will exemplarisch nur auf einige hinweisen: Die deutschen Bischöfe haben sich in ihren theologisch grundlegenden Überlegungen zur Erneuerung der Pastoral mit dem Titel »Gemeinsam Kirche sein« (2015) auch zum Leitungsverständnis in der Kirche geäußert. Ein Kapitel in dieser Schrift ist dem Thema »Leitung in der Kirche hat viele Gesichter« gewidmet. Darin heißt es: »Der sakramental fundierte Leitungsdienst des Priesters in Gemeinschaft mit dem Bischof ermöglicht und verdeutlicht, dass es Christus ist, der in der Kirche führt und leitet« (43). Als Ermöglichungsdienst obliegt es den Priestern vor allem, die Gläubigen zu stärken, zu unterstützen und zu ermutigen, ihre Verantwortung in Kirche und Welt wahrzunehmen. So schließt das Dienstamt der Priester und Bischöfe es nicht aus, sondern gerade ein, möglichst viele an der Sendung und damit auch an der Verantwortung in der Kirche zu beteiligen. »Um die Leitungsdienste und Leitungskompetenz von Frauen und Männern in der Kirche zu fördern, braucht es konkrete Orientierungen und Hilfestellungen. In einer Kirche, die sich zur Gemeinschaft berufen weiß, kann Leitung letztlich auch nur gemeinschaftlich wahrgenommen werden. Dem dienen Synoden, Räte und andere Beratungsprozesse in der Kirche. Konkret kann eine gemeinschaftliche Leitung durch ein Team geschehen. Solche Teams werden für die Pastoral der Kirche immer wichtiger« (48). Hierin liegt auch eine wichtige Prävention vor Missbrauch von Macht in der Seelsorge.

Besonders stolz sind wir in der Deutschen Bischofskonferenz auf das Projekt eines katholischen Frauenverbandes, des Hildegardis-Vereins, der die deutschen Bistümer zu einem Mentoring-Programm für Frauen eingeladen hat. Seit 2015 haben mehr als 100 Frauen an diesem Programm aus fast allen deutschen (Erz-)Diözesen teilgenommen und zu einer Veränderung in der Kultur des Miteinanders von Frauen und Männern in der Kirche beigetragen.

Das Zentralinstitut für Ehe und Familie in der Gesellschaft (ZFG) an der Katholischen Universität Eichstätt-Ingolstadt hat die Maßnahmen der (Erz-)Bistümer zur Vereinbarkeit von Familie und Beruf für Frauen und Männer untersucht und auf ihre Wirksamkeit hin ausgewertet. Insgesamt zeigte sich eine hohe Zufriedenheit der Mitarbeiterinnen und Mitarbeiter mit Möglichkeiten, die ihnen der kirchliche Dienstgeber zur Vereinbarkeit von Beruf und Familie bietet. Handlungsbedarf besteht hier vor allem im Blick auf die Vereinbarkeit von Beruf und Familie, auch im Blick auf die Pflege von Angehörigen, die krank und/oder alt sind, und damit auf Teilzeitmodelle für Leitung in der Kirche.

Zur Überprüfung der Entwicklungen in diesem Bereich haben wir 2018 erneut eine Untersuchung zum Frauenanteil an den kirchlichen Leitungspositionen in Auftrag gegeben. Wir haben uns um der Vergleichbarkeit willen wie bereits 2013 auf die Leitungsebenen in den Generalvikariaten und Ordinariaten fokussiert, wohl wissend, dass Leitung – von Frauen, Laien/Männern und Klerikern – an zahlreichen und ganz verschiedenen Handlungsorten der katholischen Kirche wahrgenommen wird, haupt- und ehrenamtlich. Die Ergebnisse zeigten uns im Vergleich von 2013 und 2018: Eine Steigerung des Frauenanteils auf den oberen Führungsebenen von 13 % auf etwa 19 % und auf der mittleren Ebene von 19 % auf 23 % ist nun nicht nichts, gleichwohl enttäuschend und nicht hinreichend, um wirklich deutlich zu machen, dass wir eine Veränderung der Kultur wünschen und Frauen in Leitung ausdrücklich begrüßen.

Denn das ist die positive Nachricht aus den Entwicklungen: In den (Erz-)Bistümern, in denen der Frauenanteil in einem Führungsgremium oder leitenden Team bereits ein Drittel und mehr beträgt, hat sich die Kultur des Miteinanders und die Wirksamkeit des eigenen Handelns deutlich verbessert. Es reicht nicht, eine »Alibi-Frau« in die Leitung zu berufen. Das entspricht ähnlichen Erfahrungen in weltlichen Unternehmen: Erst wenn die »kritische Masse« von einem Drittel Frauen erreicht ist, wirken sich die spezifischen Sichtweisen von Frauen auf die Entscheidungsfindung in einer Führungsetage aus. Erst in gemischt geschlechtlichen Teams und Gremien können sich Männer und Frauen wirklich ergänzen und partnerschaftlich zusammenwirken. Auch in der Kirche beobachten wir, dass sich im Zusammenwirken von Frauen und Männern bestimmte Verhaltens- und Sprechweisen auflösen, die nur Männer (und speziell auch Kleriker) bzw. nur Frauen in ihren homogenen Gruppen ausüben. Die Gesprächskultur verändert sich zu mehr Respekt vor den anderen und Sachbezug in den Themen, Klerikalismus verliert spürbar an Einfluss, Konkurrenz kann zur Kooperation unterschiedlicher Gaben und Kompetenzen werden, es entwickelt sich eine wachsende Sensibilität für Grenzüberschreitungen und Machtmissbrauch. Gemischt geschlechtliche Teams tun der ganzen Kirche gut!

Das ist der Hintergrund für den Beschluss des Ständigen Rates im November 2018, auf »ein Drittel und mehr Frauen« in den kirchlichen Leitungspositionen der Diözesen wie auf der Ebene der Bischofskonferenz hinzuarbeiten und dazu nach fünf Jahren erneut eine Untersuchung anzustellen.

Ich persönlich sehe eine besondere Dringlichkeit in diesem Anliegen: Die schon zuvor benannte MHG-Studie hat vor allem »klerikale Strukturen und eine klerikale Amtsführung in der katholischen Kirche« als Gefährdung benannt für den massiven sexuellen Missbrauch und dessen Vertuschung in der Kirche. Frauen in kirchlichen Führungspositionen – und dabei geht es gerade nicht um die Ordination von Frauen! – tragen entscheidend dazu bei, geschlossene klerikale Zirkel bzw. das Männerbündische der Kirche aufzubrechen. Denn es geht umfassender um den stark männlichen Eindruck, den die Kirche bei den Menschen heute in der Öffentlichkeit hinterlässt.

Um unserer eigenen Glaubwürdigkeit als Kirche und als Bischöfe dieser Kirche willen müssen wir alles versuchen, um Frauen für die verschiedenen Leitungsaufgaben und Leitungsebenen der Kirche zu gewinnen. Denn auch das zeigen uns die Entwicklungen und Erfahrungen der letzten Jahre in der Kirche in Deutschland (und wohl auch weltweit): Für junge Menschen, Männer wie Frauen, wird es immer weniger attraktiv, sich in den Dienst einer Kirche zu stellen, der sie es nicht mehr zutrauen, Frauen gleichberechtigt zu behandeln und zu beteiligen. Was den Laien-Männern an Führungsposition in der Kirche offensteht, muss auch für Frauen möglich sein!

Um mehr Frauen an der Leitung in der Kirche zu beteiligen –
auch das ist ein Ergebnis der Erhebung von 2018 –, braucht es
vor allem den entschiedenen Willen der Bischöfe und anderer
leitender Kleriker und Männer, Führungsaufgaben mit Frauen
zu besetzen, auch wenn dies bedeutet, männliche Bewerber,
seien es Priester oder auch Laien, zu enttäuschen. Man spricht
in der Personalentwicklung von »unconscious bias« (sinnge-
mäß etwa: »unbewusste Wahrnehmungsverzerrungen«) und
bezeichnet damit dieses oft unbewusste Bevorzugen von Kan-
didaten, die einem zum Beispiel aufgrund des gleichen Ge-
schlechts natürlicherweise vertrauter sind als andere. Das
Zweite ist, dass Frauen auch Frauen als Vorbilder in kirchlichen Leitungsaufgaben brauchen, damit der verantwortliche
Dienst in der Kirche für sie attraktiv wird und sie sich dafür
gewinnen lassen. Schließlich ist es uns noch nicht gelungen,
vor allem in der Öffentlichkeits- und Pressearbeit Frauen sichtbarer zu machen. Auch hier müssen wir Veränderungen angehen und zum Beispiel Pressesprecherinnen einsetzen, um
deutlich zu machen, dass gerade auch Frauen der Kirche ein
Gesicht geben und für die Kirche sprechen können. Ich habe
dieses Beispiel ausführlicher dargestellt, um zu zeigen, dass
Veränderungen möglich, notwendig und dringlich sind. Das
gilt auch für andere Bereiche der »Sozialgestalt« der Kirche.
Aber am wirklich partnerschaftlichen Miteinander von Frauen
und Männern zeigt sich besonders, ob die Kirche ein Zeichen
der Freiheit ist oder an überholten Unter- und Überordnungs-
modellen festhält.

Bruchstellen
der Gegenwart

Auch wenn es also ganz fraglos in einigen Debatten und auch in zentralen Fragen scheinbar ungelöste Widersprüche gibt, möchte ich für mich keinen grundsätzlichen Widerspruch akzeptieren, dass frei sein und katholisch sein zusammengehören müssen. Und das muss sich nicht nur im Leben der Kirche selbst zeigen – in Lehre, Praxis und Katechese –, sondern ganz besonders auch in ihrem Zeugnis für die Welt.

Gerade in einer Welt, die uns bei aller Globalisierung doch immer mehr zerrissen erscheint, in der die Weltgemeinschaft erneut zurückfällt in Nationalismen und in die Wahrung von Eigeninteressen, obwohl gerade in unseren Tagen eine gemeinsame Orientierung am Weltgemeinwohl so notwendig wäre, braucht es Institutionen und Stimmen, die die Einheit der Menschheitsfamilie und das Wohl und die Freiheit aller Menschen im Blick behalten. Das bezieht auch die kommenden Generationen ein, braucht also im umfassenden Sinn eine Perspektive der Nachhaltigkeit.

In dieser Aufgabe stehen die einzelnen Christen und auch die Kirche als weltumspannende Institution. Sie soll nicht nur das Zeichen der Einheit der Menschen untereinander und mit Gott sein, sondern auch Zeichen der Freiheit. Die ganze Gemeinschaft der katholischen Kirche hat hierin eine besondere Aufgabe. Ja, vielleicht ist es sogar ein wirkliches Momentum für die Kirche, also ein entscheidender Augenblick in der

Weltgeschichte, diese Aufgabe von Neuem ernsthaft zu ergreifen. Dabei geht es nicht um die Zukunft der Kirche selbst, sondern um ihre Sendung für die ganze Welt.

Viel zu häufig und viel zu stark kreist das kirchliche Leben um die Frage: Was wird aus uns? Auch bei meinen Besuchen als Bischof in den Pfarreien mahne ich gelegentlich an: Denkt nicht zuerst, was wird aus uns, sondern: Was wird aus allen Menschen, die an diesem Ort leben? Was wird ganz besonders aus den Kranken, Schwachen und Armen? Was wird aus dieser Stadt, aus diesem Land, aus unserer Welt?

»Denn wer sein Leben retten will, wird es verlieren; wer aber sein Leben um meinetwillen verliert, wird es finden« (MT 16,25; und weitere Stellen). Dieses zentrale Wort Jesu gilt übertragen auch für die Kirche insgesamt: Die Kirche wird die Zukunft nur finden, wenn sie selbst für alle Menschen Zeichen der Hoffnung ist, und ihre Sorge um die Zukunft aller Menschen in ihrem Sprechen und in ihrer Praxis deutlich wird. Gerade weil die Kirche nicht einfach aufgeht in politischen und gesellschaftlichen Strukturen und Erwartungen, weil sie in gewisser Weise »anders« ist und doch verbunden mit allen Menschen, kann sie ein solches Zeichen sein, kann sie die eine Menschheitsfamilie in den Blick nehmen und deutlich machen: Die vom Gott der Befreiung allen geschenkte Freiheit macht uns frei, Verantwortung zu übernehmen für das Leben aller. Ist es nicht das, was das Zweite Vatikanische Konzil auch für die Kirche fordert, wenn es heißt, sie solle Sakrament der Einheit der ganzen Menschheitsfamilie sein (LG 1)? Dieser Gedanke ist ja die logische Konsequenz der vorherigen Überlegungen zum Verhältnis von Freiheit und Wahrheit und zur Kirche als Ort und Hort der Freiheit.

Es wäre fatal, wenn gerade in der aktuellen Situation der Kirche, die geprägt ist von Krise, Umbruch und Neuorientierung, diese Aufgabe, die Sendung für die ganze Welt, aus dem Blick geraten würde. Dann stände die Kirche in der Gefahr, sich in eine narzisstische Verkrümmung und eine kleinliche Sorge um ihre eigene Selbsterhaltung zurückzuziehen. Es gibt durchaus diese Tendenzen – trotz des großartigen Wirkens von Papst Franziskus, der sich in Freiheit und ohne Angst der Welt zuwendet.

Eine neue Fortschrittsidee!

Die Kirche muss in ihrer Verkündigung deutlich machen, dass Gottesliebe und Nächstenliebe und die Idee der Freiheit zusammengehören. So hat es auch Johannes Herzgsell bei seinen schönen Überlegungen zum Verständnis der Freiheit bei Karl Rahner formuliert:

> »Die Liebe zu Gott vermag ihn [den Menschen] von sich selbst wegzureißen und zu befreien. Wann immer der Mensch jedoch seine Liebe Gott zuwendet, liebt er in aller Wahrheit auch schon den Nächsten und sich selbst mit, wie auch das Umgekehrte gilt. Menschen- und Gottesliebe sind untrennbar eins.«[30]

Dieses Zueinander von Gottesliebe und Menschenliebe ist auch der ausschlaggebende Impuls für die Katholische Soziallehre und für die Caritas der Kirche. Das sind ja keine Sonderwelten des kirchlichen Lebens, sondern Ausdruck der Kirche selbst. Das wird immer noch zu wenig beachtet und auch theologisch reflektiert. Die Katholische Soziallehre ist Teil der

Theologie, sie gehört zum Selbstverständnis der Kirche, so wie auch die Caritas nicht etwas Zusätzliches ist, sondern Ausdruck dessen, was Kirche in der Welt sein will. Die Lehre ist nur ein Teil der Evangelisierung; Praxis des Glaubens und Gebet kommen gleichberechtigt hinzu.

In allen Bereichen des kirchlichen Lebens – in Liturgie, Verkündigung, Theologie, aber eben auch im Bereich ihrer Soziallehre und ihres caritativen Engagements – geht es um die Würde des Menschen, um die Freiheit des Menschen, die ihre letzte Vergewisserung im Bezug zu Gott selbst findet. Deshalb muss die Kirche auch in politischen Auseinandersetzungen auf der Seite der Freiheit stehen, auf der Seite einer verantwortlichen Freiheit. Dann kann sie dort, wo die Freiheit gefährdet ist – etwa in den Herausforderungen eines globalisierten Kapitalismus und unter dem Druck einer umfassend digitalisierten Welt, die verbunden mit Profitinteressen nicht mehr dem Menschen dient, sondern Nationen und Menschen gegeneinander aufbringt –, ihre Stimme klar erheben, um das Wohl der Menschen anzumahnen und für die Freiheit einzutreten.

Papst Franziskus hat das in der Enzyklika »Laudato si'« in besonderer Weise deutlich gemacht. Hier wird die Kirche vernehmbar als eine Stimme, die sich für alle Menschen einsetzt. Es ist die Stimme einer Kirche, die eben nicht exklusiv und narzisstisch denkt, sondern universal und wirklich global die Freiheit aller Menschen im Blick hat und besonders derer, die marginalisiert und bedroht sind. Vor allem erhebt die Kirche hier ihre Stimme für die Zukunft der Welt und mahnt deutlich dazu, die Freiheit auch der kommenden Generationen ebenso zu achten wie die Freiheit der gegenwärtig Lebenden. Das hat eine starke prophetische Kraft!

In den Debatten unserer Gegenwart lassen sich relativ leicht viele Anknüpfungspunkte finden, in denen die Kirche im Bewusstsein einer ganz umfassend verstandenen Freiheitsidee ihre Stimme deutlich und laut erheben kann und muss.

Im Grunde geht es darum, die großen Worte der französischen Revolution – Freiheit, Gleichheit, Brüderlichkeit –, die ja zutiefst auch von der Botschaft des Evangeliums inspiriert sind, für die Zukunft zu interpretieren und in die konkrete gesellschaftliche, politische und ökonomische Situation hineinzustellen. In diesem Sinne geht es, wie Papst Franziskus in der Enzyklika »Laudato si'« aufzeigt, um eine wirklich neue Fortschrittsidee, die die Zukunft aller Menschen im Blick hat und die Freiheit des Menschen nicht außer Acht lässt. Eine solche neu gedachte Fortschrittsidee kann und muss auch aus dem christlichen Glauben heraus angestoßen werden. Die Kirche darf nicht stehen bleiben in der Verklärung von Vergangenheiten und in der Wiederholung von Verfallstheorien. Sie muss Zukunftsentwürfe und Ideen für die Menschheitsfamilie mit auf den Weg bringen. »Laudato si'« und die Amazonas-Synode 2019 haben gezeigt, dass das möglich ist. Ich habe selbst an der Synode für Amazonien teilgenommen, die die Dringlichkeit der Herausforderungen, vor denen wir stehen, ganz deutlich gemacht hat.

Eine neue Fortschrittsidee darf aber nicht nur zu einer neuen Theorie werden, sondern sie muss sich bewähren in den konkreten Problemstellungen. Ein solches Zukunftsdenken muss konkrete Hinweise geben, wie die aktuellen Herausforderungen angegangen und menschendienlich – und deshalb auch freiheitsfördernd – gestaltet werden können.

Eine erste konkrete und wichtige Herausforderung ist die ökologische Krise, auf die Papst Franziskus besonders mit seiner Enzyklika »Laudato si'« (LS) eindringlich hinweist und sie in das Gesamtkonzept einer ganzheitlichen Fortschrittsidee, einer integrativen Ökologie, einbindet. Die wirklichkeitsnahe Perspektive des Papstes führt zu der Erkenntnis, dass »in der Welt alles miteinander verbunden ist« (LS 16 u. a.). Denn Eingriffe in die Natur sind nicht ohne Folgen für andere Bereiche des ökologischen Systems, wenngleich mit unterschiedlicher Intensität. Kein Bereich der Umwelt existiert für sich allein, alles hängt zusammen. Die ökologische Krise hat auch deshalb solche Ausmaße angenommen, da die Menschen – vor allem in den Industriestaaten – lange Zeit glaubten, diese grundlegenden Zusammenhänge ignorieren zu können. Eine Lösung der Umweltprobleme kann deshalb nur gelingen, wenn man sich wieder stärker darauf besinnt, dass in der Realität der Schöpfung alles miteinander verbunden ist. Aus diesem Grund verwundert es nicht, dass Papst Franziskus den grundlegenden Ansatz einer »ganzheitlichen« (LS 124 u. a.) bzw. »integrativen« (LS 159) Ökologie verfolgt.

Als Anfang der 1970er-Jahre eine Reihe von Wissenschaftlern die Frage nach den »Grenzen des Wachstums« aufwarf, wurde vielen Menschen klar, dass die ökonomische Expansion zunehmend an ökologische Grenzen stößt. In den Industriestaaten zeigten sich immer deutlicher die vom Wirtschaftswachstum der vergangenen Jahrzehnte verursachten Umweltschäden. Vor allem junge Menschen, darunter auch viele Christen, engagierten sich nun für den Schutz der Umwelt und forderten nachdrücklich eine Umkehr des menschlichen Handelns. Zukunftsängste verdrängten den früheren Fortschrittsoptimismus, und das moderne Fortschrittsmodell verlor an Plausibilität.

Diesbezüglich rekurriert der Papst in seinem Schreiben auf die Enzyklika »Centesimus annus« von 1991 von Papst

Johannes Paul II. (CA 37): »Statt seine Aufgabe als Mitarbeiter Gottes am Schöpfungswerk zu verwirklichen, setzt sich der Mensch an die Stelle Gottes und ruft dadurch schließlich die Auflehnung der Natur hervor« (LS 117). Papst Franziskus spricht von einem »fehlgeleiteten Anthropozentrismus« (LS 119). Der Mensch ist und bleibt immer auch Teil der Natur. Daran ändert auch der Auftrag an den Menschen, Sachwalter Gottes auf Erden zu sein (vgl. GEN 1, 28), nichts Grundlegendes. Gerade die Sonderstellung des Menschen als Ebenbild Gottes, ausgestattet mit Vernunft und Freiheit und unantastbaren Rechten, geht einher mit einer entsprechenden Verantwortung gegenüber der Schöpfung. Wird allerdings diese Verantwortung verleugnet, dann bleibt der Mensch nicht nur hinter seinem Auftrag als Hüter der Schöpfung zurück, sondern damit zeigt sich zugleich die menschliche Wurzel der ökologischen Krise.

Schutz der Schöpfung

Eine Lösung der ökologischen Frage ist deshalb nur möglich, wenn der Mensch bereit ist, die Wirklichkeit anzuerkennen, und sich – ungeachtet seines besonderen Auftrags – in das Gesamtgefüge von Natur und Schöpfung einordnet. Dazu gehört, dass der Mensch den Eigenwert der Natur anerkennt und damit auch die Grenzen, die sich im Umgang mit der Natur für ihn ergeben. Im Grunde bedeutet dies, die Natur nicht einfach als Objekt anzusehen, insbesondere nicht als Objekt einer grenzenlosen Ausbeutung. Was mit der Natur geschieht, die Aberkennung ihres Eigenwertes, ist auch in Bezug auf Menschen zu beobachten, wie der Papst feststellt: »Die Kultur des Relativismus ist die gleiche Krankheit, die einen Menschen dazu treibt, einen anderen auszunutzen und ihn als ein bloßes Objekt zu behandeln [...]« (LS 123). Im Mittelpunkt steht ein Nutzenkalkül, dass das Denken und Handeln zu bestimmen scheint. Der Papst schreibt hierzu:

>*Wenn der Mensch sich selbst ins Zentrum stellt, gibt er am Ende seinen durch die Umstände bedingten Vorteilen absoluten Vorrang, und alles Übrige wird relativ. Daher dürfte es nicht verwundern, dass sich mit [...] der Verherrlichung der grenzenlosen menschlichen Macht in den Menschen dieser Relativismus entwickelt, bei dem alles irrelevant wird, wenn es nicht den unmittelbaren eigenen Interessen dient.*« (LS 122)

Zum Konzept einer »ganzheitlichen Ökologie« gehört deshalb auch die Auseinandersetzung mit dem Verständnis des Menschen selbst. Aus diesem Grund ist – so der Papst – »die Klage der Armen ebenso zu hören wie die Klage der Erde« (LS 49).

Bei der Bischofs-Synode 2019 stand im Mittelpunkt der Beratungen der Lebensraum Amazonas. Es ist keine homogene Region, sondern hier leben verschiedene Völker und Kulturen zusammen in einem Gebiet, das eine der weltweit größten Reserven der Biodiversität, des Süßwassers und der Urwälder umfasst. Diese Vielfalt ist jedoch zunehmend bedroht durch vielfach ökonomisch begründete Machtinteressen, die nicht nur das ökologische Gleichgewicht, sondern auch das friedliche Zusammenleben der Menschen und die kulturelle Identität der indigenen Völker bedrohen. In mehrfacher Hinsicht ist der Lebensraum Amazonas deshalb für die Kirche und auch für die globale Menschheitsfamilie von hoher Bedeutsamkeit, und es ist gut, den Kairos unserer Zeitstunde zu ergreifen, den Papst Franziskus auch durch die Amazonas-Synode aufzeigt.

Das geht auch Europa etwas an! Auch wenn es keineswegs darum geht, etwa aus europäischer Perspektive vorzugeben, was im Amazonas zu tun wäre, vielmehr geht es um einen radikalen Perspektivwechsel: Auch das »Potsdam-Institut für Klimafolgenforschung« hat mich auf diesen Zusammenhang aufmerksam gemacht: Die indigenen Völker betrachten den Regenwald als ihren Lebensraum und bringen ein unschätzbares Wissen mit, wie die Waldressourcen nachhaltig genutzt werden können. Dieses Wissen ist hoch bedeutsam, um eine nachhaltige Strategie entwickeln zu können, um dem Klimawandel zu begegnen. Eine Zerstörung des Waldes bedeutet auch eine Zerstörung dieses reichen kulturellen Erbes. Diesen notwendigen Perspektivwechsel sollten wir als Kirche aktiv befördern, sowohl in Amazonien selbst als auch in der gesamten Weltkirche.

Sowohl die Umwelt, die rücksichtslos ausgebeutet wird, als auch die Armen, denen die Chance auf ein erfülltes Leben vorenthalten wird, sind für Papst Franziskus Leidtragende eines Fortschrittsverständnisses, das dem »technokratischen Paradigma« (LS 109) erlegen ist. Dieses Paradigma ist für den Papst Ausdruck einer einseitigen und damit verkürzten Sicht der Wirklichkeit. Vor dem Hintergrund seiner Kritik am vorherrschenden Fortschrittsverständnis plädiert Franziskus für eine ganzheitliche neue Fortschrittsidee, die sich nicht nur in Produktionszahlen und materiellen Leistungsbilanzen zeigt, sondern »eine bessere Welt und eine im Ganzen höhere Lebensqualität hinterlässt« (LS 194).

Die Vorstellung eines Fortschritts, der als Entwicklung zum Besseren hin verstanden wird, verdankt sich wesentlich christlichem Einfluss. Galt in der Antike verbreitet ein »goldenes Zeitalter« am Anfang der menschlichen Zivilisation als Maß für die Beurteilung der Lebensverhältnisse, so fand mit der Ausbreitung des Christentums ein Wechsel der Perspektive statt. Nun öffnete sich der Blick hin zur Zukunft, die Verwirklichung des »Reiches Gottes« bzw. die Erwartung eines »neuen Jerusalem« waren Hoffnungszeichen für die Vollendung der ganzen Schöpfung durch Gott. Der Mensch verstand sich dabei als cooperator Dei, als Mitarbeiter Gottes, der, legitimiert durch das dominium terrae der Schöpfungsgeschichte, den Auftrag hat, die Erde gemäß der von Gott vorgegebenen Ordnung zu gestalten. Eine säkularisierte Form des christlichen Fortschrittsgedankens bildete sich seit der Neuzeit aus. Das dominium terrae wurde verstanden als exponierte Eigenschaft des vernunftbegabten Menschen, dem die Aufgabe zufiel, über die vernunftlose Schöpfung zu herrschen. Die Natur wird als »Sache« bzw. »Objekt« verstanden, über die der Mensch frei verfügen kann.

Ein solches Fortschrittsverständnis hat nicht nur zu einem Aufschwung der Naturwissenschaften geführt, sondern ermöglichte auch bedeutende technologische Fortschritte. Die Begeisterung für das technisch Machbare erzeugte eine optimistische Zukunftserwartung. Auf der anderen Seite, und dies drückt die Ambivalenz dieser modernen Fortschrittsidee aus, hat das übersteigerte Machbarkeitsstreben sowohl ökologische als auch soziale und gesellschaftliche Probleme aufgeworfen. Während die Folgen für die Umwelt lange Zeit vernachlässigt wurden, zeigten sich die sozialen Probleme, die mit der technologischen und ökonomischen Expansion einhergingen, bereits im 19. Jahrhundert. Die erfolgreiche Verwertung der technologischen Innovationen im Rahmen eines ungezähmten kapitalistischen Wirtschaftssystems ging vielfach zu Lasten der Arbeiter, die zu Objekten von Ausbeutung und Unterdrückung wurden. So stellte auch die von Papst Leo XIII. im Jahre 1891 veröffentlichte erste Sozialenzyklika »Rerum novarum« die prekäre Lage der damaligen Arbeiterschaft in den Mittelpunkt ihrer Ausführungen.

Fortschrittskritik und die Ablehnung einer naiven Fortschrittsgläubigkeit sind keine Phänomene der Moderne. Allerdings stellt die ökologische Krise, die eine Folge der untrennbar mit dem technischen Fortschritt verbundenen Industriegesellschaft ist, ein spezifisches Charakteristikum der Moderne dar. Die Erfahrungen mit ökologischem Raubbau und ökonomischer Ausbeutung, die Papst Franziskus in Lateinamerika gemacht hat, schlagen sich hier gewiss nieder.

Gerade am Amazonaswald wird deutlich, dass die Durchsetzung politischer, technischer und wirtschaftlicher partikularer und kurzfristiger Fortschritts- und Kapitalinteressen von einzelnen Staaten ebenso wie von transnationalen Konzernen (etwa Rodungen zur Umwandlung von Naturlandschaft in Weideland für Rinder zum Zweck der vermehrten Fleischerzeugung) dem langfristigen Schutz des Regenwaldes, und damit auch einem Weltgemeinwohl, übergeordnet werden. Die Gefährdung des Amazonaswaldes hat nicht nur Auswirkungen etwa auf die regionale Landwirtschaft, vor allem Brasiliens, sondern auch auf das Weltklima mit bisher noch unabsehbaren Folgen rund um den ganzen Globus.

Es sei an dieser Stelle deutlich gesagt: Papst Franziskus steht nicht für eine grundsätzlich negative Sichtweise von Fortschritt oder Entwicklung. Er plädiert stattdessen dafür, »den Fortschritt neu zu definieren« (LS 194). Das Bewusstsein, dass »in der Welt alles miteinander verbunden ist« (LS 16), ist zugleich eine Kritik an einer technologischen bzw. ökonomischen Praxis, bei der die Verfolgung einseitiger Interessen im

Vordergrund steht. Es bedarf eines ganzheitlichen Fortschritts, der dem Wohl des Menschen dient. Diese neue Art des Fortschritts rechtfertigt sich durch seinen Dienst am Menschen und an der Menschheit, indem sie zur Sicherung des Lebens und der Würde des Menschen beiträgt. Es geht um einen verantwortlichen Fortschritt, der das Ganze in den Blick nimmt und die Grenzen der Natur und des Menschen achtet. Ein wirklich menschengerechter Fortschritt muss alle Lebensbereiche des Menschen einschließen. Fortschritt in diesem Sinne bedeutet, sich am ganzen Menschen auszurichten und auch den geistigen, sittlichen, spirituellen und religiösen Aspekten Entwicklungsmöglichkeiten zu bieten. Der Fortschritt muss im Dienst der Freiheit aller Menschen stehen.

Papst Franziskus verbindet mit diesem umfassenden Verständnis von Fortschritt vor allem die »Besserung der Lebensqualität« (LS 46). Dieser Anspruch lenkt den Blick darauf, dass menschliches Wohlbefinden mehr ist als die Befriedigung materieller Bedürfnisse, sondern auch »Wege für eine glückliche Zukunft« (LS 113) einschließt. Das Ziel der Lebensqualität, das bisher in keiner päpstlichen Sozialverkündigung einen so zentralen Stellenwert innehatte, verweist auf den Menschen als Ebenbild Gottes und seine besondere Würde.

Für einen menschengerechten Fortschritt ist die Freiheit zentral. Unabdingbar ist jedoch auch ein ethisches Bewusstsein, das sich verantwortlich weiß für die Folgen des Handelns. Vom Menschen wird diesbezüglich ein »Kurswechsel« (LS 53) verlangt. Denn während das bisherige Fortschrittsmodell Umweltschäden in Kauf nimmt, solange das Wachstum nicht behindert oder eingeschränkt wird, erfordert ein ganzheitlicher Fortschrittsbegriff, nicht nur auf den unmittelbaren, kurzfristigen Nutzen zu schauen, sondern auch die langfristigen

Wirkungen von Handlungen in den Blick zu nehmen. Zur ethischen Perspektive eines neuen Fortschrittsbegriffs gehört eine Sensibilität für die Grenzen von Entwicklungen bzw. Prozessen. Die Menschen müssen lernen, bestehende Grenzen, seien sie nun ökologischer, sozialer oder ökonomischer Natur, zu akzeptieren.

Dies ist keine Aufgabe für eine ferne Zukunft, sondern muss jetzt handlungsleitend sein. Das »Potsdam-Institut für Klimafolgenforschung« weist darauf hin, dass sich das Ökosystem des Amazonas-Regenwaldes über Millionen Jahre entwickelt hat und sich über lange Zeiträume auch klimatischen Veränderungen anpassen konnte. Derzeit jedoch ist ungewiss, ob der Amazonaswald auch der Schnelligkeit der fortschreitenden Eingriffe gewachsen ist. Insbesondere geht es um die großflächigen Rodungen, die bereits ca. 20 % des Amazonas-Regenwaldes vernichtet haben. Das Potsdam-Institut warnt deutlich vor weiteren Rodungen.

Der Faktor Mensch ist aus meiner Perspektive in doppelter Hinsicht entscheidend: Er ist nicht nur verantwortlich für die Gefährdung, sondern auch für die Lösung. Deshalb erfordert die Umsetzung einer neuen Fortschrittsidee Veränderungen im politischen und ökonomischen Bereich. Hierzu gibt Papst Franziskus selbst einige Hinweise in »Laudato si'«: In Bezug auf die Ökonomie fordert er nichts Geringeres als eine Grundsatzdebatte. Besonders kritisch sieht der Papst eine Vorgehensweise, die das technisch Machbare mit dem Primat ökonomischer Nützlichkeit in Verbindung bringt. Denn wenn der moderne Mensch alles macht, was auch technisch möglich ist, wenn zweitens nichts verhindert werden darf, was ökonomische Gewinne bringt, und dies drittens mit einer Moral des »minus malum«, also des kleineren Übels, kombiniert wird,

dann gerät die Welt auf eine schiefe Bahn. Technologische Innovationen, die Triebkräfte für Wachstum und Wohlstand
sind, dürfen nicht blindlings angenommen werden, ohne die
Auswirkungen auf Menschen und Umwelt zu beachten. Au-
ßerdem dürfen Rentabilität und Wirtschaftswachstum nicht
zum alleinigen Maßstab ökonomischen Handelns werden. Es
bedarf vielmehr immer wieder der Ermahnung, dass das Wirt-
schaften nachhaltig sein muss und nicht auf der Ausbeutung
von Mensch und Natur beruhen darf, sondern der ganzheitlichen Entwicklung des Menschen dienen muss.

Hier zeichnet sich das Bild einer Ökonomie ab, die Abstand
nimmt vom Diktum grenzenlosen Wachstums und die sich
auch den Zielen der sozialen, ökologischen und intergenera-
tionellen Gerechtigkeit verpflichtet weiß. Im Ergebnis deutet
dies hin auf eine Wirtschaft, die sich nicht als Selbstzweck versteht, sondern ihr Tun in den Dienst von Mensch und Schöpfung stellt. Es geht eben um verantwortliche Freiheit.

Dabei lehnt Papst Franziskus nicht generell das marktwirt-
schaftliche Prinzip ab. Vielmehr appelliert er daran, »eine ma-
gische Auffassung des Marktes zu vermeiden, die zu der Vorstellung neigt, dass sich die Probleme allein mit dem Anstieg
der Gewinne der Betriebe oder der Einzelpersonen lösen« (LS
190). Er kritisiert zudem die Vorstellung, dass sich mit Wachstum die weltweiten Probleme des Hungers und der Armut einfach lösen werden. Dies wird der Markt nicht aus sich selbst
heraus leisten (vgl. LS 109). Ebenso wenig sind die Umweltprobleme allein von Seiten der Wirtschaft bzw. der Technologie
zu lösen. Die Marktwirtschaft muss notwendig um das Ziel
der ökologischen und sozialen Verantwortung ergänzt werden. Nur ein gegenüber Werten verpflichteter Markt kann einen verantwortungsvollen Umgang mit der Natur oder die

Rechte der gegenwärtigen und zukünftigen Generationen ge-
währleisten. Dieser Gedanke ist dem Grundkonzept der Sozialen Marktwirtschaft, wie es nach dem Zweiten Weltkrieg in
Deutschland entwickelt wurde, sehr nahe. Ohne einen ethisch
bestimmten Rahmen und ohne Institutionen, einschließlich
des Staates, gibt es aber keine wirkliche Soziale Marktwirtschaft. Das ist bei Verfechtern der Sozialen Marktwirtschaft,
zu denen ich mich zähle, common sense. Wirtschaftliche, soziale und ökologische Ziele müssen zusammengedacht werden, sonst ist die Balance für eine gesunde Entwicklung gefährdet.

Die Fokussierung auf eine ganzheitliche Perspektive ist jedoch nicht nur für den Bereich der Wirtschaft relevant, sondern muss nach Überzeugung von Papst Franziskus auch in
der Politik gelten. Neben der Wiedergewinnung des Primats
der Politik muss vor allem die globale Ausrichtung der Politik
gestärkt werden. »Wir brauchen eine Politik, deren Denken einen weiten Horizont umfasst und die einem neuen, ganzheitlichen Ansatz zum Durchbruch verhilft, indem sie die verschiedenen Aspekte der Krise in einen interdisziplinären Dialog
aufnimmt« (LS 197). Hinsichtlich der konkreten ökologischen
und sozialen Probleme der Gegenwart bedarf es im besonderen Maße einer Verbesserung der global governance. Papst
Franziskus spricht in diesem Zusammenhang von einer »Ethik
der internationalen Beziehungen« (LS 51) und fordert »Leader-
ship« (LS 53 und 164) zur Lösung der globalen Umweltprobleme.
Zudem wiederholt er die Forderung nach einer »echten politischen Weltautorität« (LS 175), die bereits von früheren Päpsten
angesprochen wurde.

Um die Probleme der Umweltzerstörung und der weltweiten sozialen Ungerechtigkeit zu lösen, sind alle Menschen

gefragt. Insbesondere sieht Papst Franziskus jedoch die entwickelten Länder in der Pflicht. Er kritisiert massiv die Tatsache, dass die reichen Länder bisher so wenig zur Bewältigung der Umweltprobleme getan haben.

>*Die ärmsten Regionen und Länder besitzen weniger Möglichkeiten, neue Modelle zur Reduzierung der Umweltbelastung anzuwenden, denn sie haben nicht die Qualifikation, um die notwendigen Verfahren zu entwickeln, und können die Kosten nicht abdecken. Darum muss man deutlich im Bewusstsein behalten, dass es im Klimawandel diversifizierte Verantwortlichkeiten gibt.*« (LS 52).*

Damit erinnert der Papst an das bereits beim Erdgipfel in Rio de Janeiro 1992 formulierte »Prinzip der gemeinsamen, aber differenzierten Verantwortung«. Zu Recht spricht er von der »ökologischen Schuld« (LS 51) der wohlhabenden im Verhältnis zu den armen Staaten. Einer der Gründe dafür ist, dass der Wohlstand dieser Länder zulasten der Umwelt ging. Hier verlangt er einen Kurswechsel.

Ökologie und Gemeinwohl

Papst Franziskus greift damit einen neuralgischen Punkt der UN-Klimaverhandlungen auf. Während die Industriestaaten darauf hinweisen, dass Schwellenländer wie China und Indien schon jetzt in den Klimaschutz einsteigen müssen, weil sie die Industrieländer mittlerweile bei den CO_2-Emissionen eingeholt haben und in Zukunft maßgeblich zu den Treibhausgasemissionen beitragen werden, pochen die Schwellenländer darauf, dass die Industriestaaten erst einmal ihrer historischen

Verantwortung nachkommen sollen. Die Schwellenländer erheben den Vorwurf, dass ihnen eine gleichartige ressourcenverbrauchende Entwicklung verwehrt werden soll. Dies alles deutet aber nur darauf hin, dass der globale Norden einen Lebens- und Wirtschaftsstil pflegt, der nicht verallgemeinerbar ist, ohne den Planeten zu zerstören. Deshalb folgert der Papst: »Wir lassen in der Praxis weiterhin zu, dass einige meinen, mehr Mensch zu sein als andere, als wären sie mit größeren Rechten geboren« (LS 90).

Über den konkreten Kontext hinaus wird hier eine Debatte angedeutet, die von zunehmender Relevanz ist: Auch in der Ökonomie selbst verbreitet sich allmählich die Wahrnehmung, dass der Kapitalismus nicht nur Probleme gelöst hat, sondern auch selbst neue Probleme erzeugt. Die sozialen und ökologischen Folgen eines ungezügelten Kapitalismus, wie er sich insbesondere in der Finanzkrise von 2008 offenbart hat, sind noch nicht in Gänze aufgeführt oder gar bewältigt. Der britische Wirtschaftswissenschaftler Paul Collier äußert sich in seinem aktuellen Buch »Sozialer Kapitalismus!« (2019) sehr kritisch zum gegenwärtig dominierenden Kapitalismus und zeigt auf, wie diese Ideologie nicht nur weltweit zu Spannungen zwischen Arm und Reich führt, sondern auch innerhalb der Gesellschaften selbst große Spannungen hervorruft. Deshalb plädiert Collier unter anderem auch für eine neue »Ethik der Gemeinschaft«, die sich auch zeigt an einer »Politik des Zusammenhalts«, »gemeinsamer Identität« und »weitsichtiger Gemeinsamkeit«.[31] Dieser Gedanke scheint mir durchaus anschlussfähig zu sein an die Sorge von Papst Franziskus um »das gemeinsame Haus«.

Das gilt auch für einen weiteren aktuellen Debattenbeitrag: Der US-amerikanische Politikwissenschaftler Francis

Fukuyama, der mit seiner These vom »Ende der Geschichte« eine strittige Debatte auslöste, hat ein neues Buch veröffentlicht mit dem Titel »Identität. Wie der Verlust der Würde unsere Demokratie gefährdet« (2019). Es ist eine Auseinandersetzung mit dem Erstarken populistischer Tendenzen in der demokratischen Welt, dessen Gründe er nicht nur in wirtschaftlichen, sondern auch in kulturellen Ursachen sieht. Fukuyama stellt fest, dass diese Konflikte in fehlender Wahrnehmung und Anerkennung von Identitäten wurzeln, und plädiert neben anderem auch für eine stärkere Gewichtung der Empathie und eine Zuwendung zum Einzelnen. Er stellt den Begriff der Identität und dessen Verwendung kritisch dar und plädiert für die Rückkehr zu einem wirklich »universalen Verständnis der menschlichen Würde«[32]. Sowohl Collier als auch Fukuyama bringen in die drängenden Diskussionen unserer Zeit meines Erachtens sehr bedeutende Aspekte ein, um auch eine ganzheitliche Fortschrittsidee weiter voranbringen zu können.

Der Ansatz der ganzheitlichen Ökologie korrespondiert mit dem Prinzip des Gemeinwohls, das Papst Franziskus als das zentrale Prinzip der Sozialethik erachtet. Angesichts der globalisierten Welt ist das Gemeinwohlprinzip heute selbstverständlich ein Weltgemeinwohl und impliziert die Option für die Ärmsten (vgl. ls 158). Gerade weltweit kann der Satz »Wenn jeder an sich denkt, ist an alle gedacht« nicht akzeptiert werden. Ohne Chancen für alle zu ermöglichen – besonders für die Armen –, ist Fortschritt kein wirklicher akzeptabler Fortschritt. Deshalb sind aus der Sicht des Papstes weitere Anstrengungen nötig, um dem »globalen Gemeinwohl« (ls 174) mehr Geltung zu verschaffen.

Dies ist ein gleichermaßen politischer wie pastoraler Auftrag. Zum einen geht es darum, in der Sorge für das »gemeinsame Haus« die Lunge des Planeten Erde zu heilen. Zum anderen geht es auch für die Kirche darum, ihr Kirche-Sein und ihre Sendung für die Welt neu zu denken und neu zu entwickeln aus dieser Perspektive. Wie schon mehrfach gesagt: Die Kirche ist nicht für sich selber da, sondern Zeichen und Sakrament der Einheit aller Menschen und der Einheit mit Gott, dem Schöpfer, sie sollte Werkzeug einer verantwortlichen Freiheit sein.

Es geht bei all dem nicht um Systemfragen, sondern um einen Perspektivwechsel, sowohl für die Politik wie auch für das Verhalten aller Menschen. An diesem Perspektivwechsel sollte und muss die Kirche mitarbeiten. Denn es geht ja darum, die Freiheit als die große Idee des Evangeliums, der Aufklärung und der Emanzipationsbewegungen mit der Idee der Gleichheit und der Geschwisterlichkeit – also der gleichen Würde aller Menschen, auch der kommenden Generationen – zu verbinden. Diese Idee der Solidarität aller Menschen schließt niemanden aus, ganz besonders nicht die Armen und an den Rand Gedrängten. Deshalb glaube ich, dass die Enzyklika »Laudato si'« eine weit ins 21. Jahrhundert hineinreichende Bedeutung hat. Sie ist darin vergleichbar mit der ersten Enzyklika zur sozialen Frage, die 1891 geschrieben wurde, mit »Rerum novarum«. »Laudato si'« ist keine Umwelt- oder Klimaenzyklika, sondern eine Sozialenzyklika, die deutlich macht, wo die Kirche steht, wenn es um die Zukunft der Welt geht. Wenn die Kirche sich in dieser Perspektive äußert, sich engagiert und einsetzt, wird sie von selbst ihre eigene Berufung und Aufgabe entdecken.

Die alte Fortschrittsidee, die im Grunde Fortschritt am wirtschaftlichen Wachstum bemisst, ohne Rücksicht auf die ökologischen, sozialen und politischen Folgen, ist nicht nur in eine Krise geraten, sie geht zu Ende. Deshalb helfen auch die alten Worte »Kapitalismus« und »Sozialismus« nicht weiter. Wir brauchen keine neuen Ismen und Theorien. Wir brauchen konkrete Antworten auf die Herausforderungen und Bruchstellen der Gegenwart. Dabei ist ohne Zweifel die ökologische Krise eine zentrale Herausforderung, denn dabei geht es um die Zukunft dieses Planeten, und zwar in der Perspektive für alle Menschen, auch für die kommenden Generationen.

Drei Bruchstellen der Gegenwart, wo Freiheit gefährdet ist

Zunächst geht es mir um das neu ins Blickfeld rückende Verhältnis von Arbeit und Kapital. Wir sehen, dass die Ungleichheit größer geworden ist. Das heißt nicht, dass statistisch die Armut global gestiegen ist, sondern das Verhältnis von Vermögen aus Arbeit und Vermögen aus Kapital ist in vielen Ländern auseinandergegangen. Es mag sein, dass das Verhältnis zwischen den Ländern sich im weltweiten Vergleich angenähert hat, aber in einzelnen Ländern steigt die Ungleichheit und führt auch zu Unruhen, zu Unzufriedenheit, zu Instabilität. Wir spüren das an vielen Orten. Thomas Piketty hat 2014 in seinem Buch »Das Kapital im 21. Jahrhundert«, das große Aufmerksamkeit erregt hat, darauf hingewiesen. Piketty wird durchaus kritisiert für seine Aussagen, aber seiner Grundthese der wachsenden Ungleichheit zwischen Arbeit und Kapital kann man kaum widersprechen, und auch viele Ökonomen sehen Ungleichheit als ökonomisches Problem. Mit der Perspektive wachsender Ungleichheit kann keine Zukunft für alle Menschen gestaltet werden. Eine solche Entwicklung gefährdet die Freiheit. Das können wir wohl auch in Bezug auf Deutschland festhalten. Denn wer kann in diesem Land wirklich einen Vermögensaufbau für sich, die eigene Familie und die kommenden Generationen schaffen? Der durchschnittliche Arbeitnehmer, die durchschnittliche Arbeitnehmerin wohl kaum. Das war aber eine der großen Versprechungen der Sozialen Marktwirtschaft: Vermögensbildung in Arbeitnehmerhand, weil Eigentum Freiheit bedeutet, wie es die Soziallehre der Kirche immer wieder betont hat. Alle sollten einbezogen sein in den Aufbau von Vermögen. Das ist in unserem Land so nicht erfolgt, und weltweit auch nicht. Also ist die Abhängigkeit der vielen gestiegen und die Gefährdung der Freiheit gewachsen.

Anders als ich es vor Jahrzehnten erwartet habe, ist das Verhältnis von Arbeit und Kapital weiterhin ein Spannungsfeld, das durch die Herausforderung der Digitalisierung möglicherweise noch vergrößert wird, wenn das Kapital sich noch mehr akkumuliert, wie es schon Karl Marx prognostiziert hatte. Eine solche Entwicklung wäre politisch und sozial unerwünscht, weil so der Zusammenhalt der Gesellschaft gefährdeter, die Existenz des Einzelnen prekärer und die Freiheit bedrohter würde.

Damit komme ich zu einer weiteren Bruchstelle der Gegenwart, die entscheidend ist für die Zukunftsgestaltung und für die Perspektive der Freiheit: Eine neue Fortschrittsidee muss auch die enorme Herausforderung der Digitalisierung mitbedenken und verstehen lernen. Denn bei dieser Entwicklung geht es auch um die Zukunft der Arbeit: Wer bekommt welche Chancen in diesem global wirksamen Prozess, der viele Lebensbereiche umfasst? Was wir in Deutschland als

Normalarbeitsverhältnis bezeichnen, ist für mich auch eine Grundlage zur Gestaltung des Lebens in Freiheit. Es geht doch darum, dass jemand, der dies vermag – also weder krank noch in Ausbildung noch alt oder anderweitig am Arbeiten gehindert ist –, von seiner eigenen Arbeit leben kann. Und mehr noch: dass diese Arbeit Grundlage auch der Altersversorgung ist und durch Versicherungsbeiträge und Einbindung in das Sozialsystem vor existenziellen Risiken schützt. Das ist eine sehr konkrete Grundlage für Freiheit. Freiheit ist nicht nur eine Theorie, eine schöne Idee, sondern sie wird konkret gelebt und hat konkrete Voraussetzungen, eben auch die Arbeit und zwar so verstanden, dass diese Freiheitsperspektiven eröffnet. Selbstverständlich schließt das nicht aus, dass Arbeit auch Mühe und Belastung ist. Wir leben ja nicht im Paradies, aber wir müssen uns für Arbeitsverhältnisse einsetzen, die stärker der menschlichen Entwicklung dienen, freiheitsförderlich sind und nicht freiheitsbehindernd oder gar ausbeutend und erniedrigend. Bisher wird die Frage noch ergebnisoffen von verschiedenen Wissenschaften diskutiert, ob die Digitalisierung zu großen Verlusten von Arbeitsplätzen führen wird oder ob sich das Angebot von Arbeitsplätzen eher verschieben wird. Eines ist wohl klar: Es gibt große Umwälzungen und Umbrüche, die auf dem Rücken von Millionen Menschen ausgetragen werden (müssen). Bei Gesprächen in den USA, besonders in Detroit, habe ich erlebt, was ein solcher Umbruch für Familien bedeutet: Viele Menschen äußern die Sorge, dass es zwar neue Arbeit geben wird, diese aber geringer bezahlt und geringer qualifiziert ist. Gewerkschafter erzählten mir vom Beispiel der Trucker in den USA, die in einigen Jahren möglicherweise durch Automatisierung und selbstfahrende Trucks in ihrer Arbeit abgelöst sein könnten.

Doch auch dann wird es Menschen brauchen, die prüfen, ob die Lieferwege funktionieren oder die Maschinen richtig eingestellt sind. Aber diese Mitarbeiter würden dann eher geringer bezahlt, weil sie geringer qualifiziert sein müssten. Solche Sorgen bewegen die Menschen weltweit. In der Automobilindustrie sehen wir Anfänge dieses Umbruchs, und das ist sicher nicht das Ende der Entwicklung. Ich frage mich: Welche sozialen und politischen Folgen wird das haben? Wenn es nicht möglich ist, allen Menschen eine Chance auf eine Arbeit zu geben, von der sie ihren Lebensunterhalt bestreiten können, sehe ich das Konzept der Freiheit stark gefährdet, und damit letztlich auch die Demokratie in Gefahr.

In einer solchen Gesamtperspektive macht mich die Diskussion um ein bedingungsloses Grundeinkommen sehr nachdenklich. Es könnte eine Versuchung darin liegen, vom Bemühen um wirklich angemessen qualifizierte und bezahlte Arbeit für alle, eben ein Normalarbeitsverhältnis, zu suspendieren, da ja alle irgendwie versorgt seien. Hat das noch etwas zu tun mit einer solidarischen Gesellschaft? Werden darin nicht die Grundlagen der Demokratie in Frage gestellt? Gilt die Würde der Arbeit noch? Was bedeuten noch Mitbestimmung, Partizipation, Bürgergesellschaft, aktive Teilhabe? Es geht mir nicht darum, die Zukunft düster zu zeichnen, sondern die Herausforderungen zu benennen, damit wir nicht falsche Wege einschlagen, die dann Entwicklungen mit sich bringen, die wir nicht wollen können. Ich kann nicht erkennen, dass die Herausforderung auch politisch und gesellschaftlich in aller Ernsthaftigkeit schon aufgenommen ist, diese Fragen eben auch im Kontext einer neuen Fortschrittsidee zu bedenken.

Ein damit zusammenhängender und noch weiterreichender kritischer Fragenkomplex für die Zukunft der Freiheit schließt sich an, wenn wir mit Blick auf Digitalität die Fortschritte in der Entwicklung Künstlicher Intelligenz hinzunehmen. Dieses Thema in Gänze zu entfalten, sprengt hier bei Weitem den Rahmen. Aber ich will zumindest auf einen Aspekt hinweisen, der aufs Engste mit dem christlichen Personbegriff, der Gottebenbildlichkeit und damit der Frage nach der Freiheit verbunden ist.

Im Kern geht es immer um die Frage: Dient diese Entwicklung dem Menschen? Dient sie tendenziell allen Menschen, auch den kommenden Generationen? Diese Grundfrage ist auch an die Entwicklung Künstlicher Intelligenz (artificial intelligence) zu stellen. Dabei geht es um ethische und theologische Gesichtspunkte. Diese werden in besonderer Weise virulent, wenn wir von der Grundthese der Singularität ausgehen. Das heißt: Wir nehmen an, dass sich (vom Menschen hergestellte) Maschinen mittels Künstlicher Intelligenz selbst so stark verbessern und den technologischen Fortschritt beschleunigen könnten, sodass ab einem gewissen Entwicklungspunkt die Zukunft der Menschheit eher von dieser Künstlichen Intelligenz vorangetrieben würde als von den Menschen. Wird dann die Technologie Probleme lösen, die dem begrenzten menschlichen Verstand gar nicht mehr zugänglich wären? Die Fragen spitzen sich dort zu, wo es um eine Autonomie des technologischen Fortschritts geht und letztlich um die Bewahrung der Freiheit und der Demokratie. In dieser Debatte sind in interdisziplinärer Forschung und im Dialog vor allem auch zwischen Technologie und Geisteswissenschaften Grundfragen zu klären. Dazu gehört auch der Begriff der Intelligenz selbst, die sich nicht auf den kognitiven Bereich beschränken lässt, sondern etwa auch emotionale und soziale Intelligenz bedeutet. Auch die Begriffe von Bewusstsein,

Selbstbewusstsein, Geist, Seele bedürfen einer Grundlagen-
klärung. Aus theologischer Perspektive stellt sich eine grundlegende Frage über die Differenz von Schöpfer und Geschöpf,
die möglicherweise durch Künstliche Intelligenz unter Druck
geraten könnte. Die Aussage »Wir sind nicht Gott« ist nicht
nur in religiöser Hinsicht entscheidend, sondern u. a. auch
in (bio-)ethischer, wirtschaftswissenschaftlicher und politischer Perspektive bedeutsam. Wenn Menschen Schöpfer anderer Menschen werden, ist die Gleichheit aller Menschen gefährdet und damit die Demokratie. Damit verbunden ist der
Gedanke der Gottebenbildlichkeit, die wie schon gesagt ihren
stärksten Ausdruck in der verantwortlichen Freiheit des Menschen findet. Dass gerade das Zusammendenken von Freiheit
und Verantwortung bei autonomer Technologie (etwa selbst-
fahrenden Autos, aber auch bei Kommunikations- und Ver-
netzungstechnologien wie etwa »Siri« oder »Alexa«, und auch
im Zusammenhang mit Big Data) mehr Fragen stellt als beantwortet, ist offensichtlich. Auch zu diesen komplexen gesellschaftlichen Herausforderungen sind Theologie und Kirche
gefordert, im Sinne der Freiheit aller Menschen einzutreten.

Entwicklung im Geist der Solidarität

Schließlich geht es mir noch um eine weitere Bruchstelle der
Gegenwart, die ich kurz aufzeigen will: Wie können wir einen kaum vermeidbaren Strukturwandel nicht nur bei uns,
sondern global so gestalten, dass die Würde aller Menschen
im Blick bleibt? Noch einmal will ich sagen: Niemand kann
eine vollkommene und hundertprozentig gerechte Gesellschaft gestalten, aber die Zielvorstellung muss doch sein,

gesellschaftliche, politische und ökonomische Prozesse so zu gestalten, dass sie dem Menschen prinzipiell dienen und möglichst allen Menschen dienen. Es gibt das viel zitierte Wort des Ökonomen Joseph Schumpeter von der »schöpferischen Zerstörung«. Wir wissen, dass auch die Soziale Marktwirtschaft nicht in Gänze verhindern kann, dass es starke Umbrüche und Strukturwandel gibt, aber leitend bleibt doch die Idee, möglichst alle im Boot zu halten und durch Mechanismen der Solidarität Ausgleiche zu schaffen und so den notwendigen Wandel zu gestalten. Das ist nicht einfach, aber es ist auch nicht unmöglich. Wenn es jedoch nicht geschieht und dies nicht im Blick bleibt, riskiert man – wie wir auch aktuell sehen – große Spannungen, die zu politischen und ökologischen Folgen führen können, die für alle bedrohlich sind. Wir müssten eigentlich eines deutlich gelernt haben in den letzten Jahrzehnten, vor allem seit dem Jahr 1989: dass Strukturwandel, Veränderungen, ja letztlich der Fortschritt selbst, nicht einfach dem Markt überlassen werden können in einer ideologischen Vorstellung, durch den Markt selber gelange am Ende eben das für alle Gute zum Ziel. Die Freiheit des Marktes bringt nicht die Freiheit für alle und eine gute Zukunft der Schöpfung hervor.

Die sozialen, politischen und ökologischen Kosten eines solchen Denkens werden jetzt in Rechnung gestellt. Und deshalb braucht es ein neues Denken über Fortschritt, braucht es einen neuen Einsatz, Freiheit in neuer Weise zu verbinden mit Gleichheit und Brüderlichkeit, also mit einer für alle Menschen Chancen bietenden Entwicklung im Geist der Solidarität. Wenn wir langfristig denken, und das sollten wir tun, gibt es zu einer solchen Neuorientierung keine wirkliche Alternative. Das zeigen auch Bewegungen wie »Fridays for Future«. Was von den Schülerinnen und Schülern ausgegangen ist, hat zuerst die Eltern, dann aber auch Wissenschaft, Wirtschaft und Politik in die Pflicht gerufen und motiviert, sich für den Planeten Erde öffentlich einzusetzen. Es trifft auf eine berechtigte Sorge, die viele Menschen umtreibt. Auch die Kirche sollte hier wissen, wo sie zu stehen hat in ihrer Verkündigung und in ihrem Einsatz für die Welt.

Insgesamt habe ich den Eindruck: Die Freiheit ist in unseren Tagen stärker bedroht, als viele vermuten. Das gilt ganz grundlegend für die Würde des Menschen und das gilt auch für die Zukunft der Demokratie, die wieder neu in der Diskussion ist. In vielen Ländern sind eine »offene Gesellschaft« und eine Demokratie westlichen Stils kein Orientierungspunkt, erst recht kein Vorbild mehr.

Ivan Krastev hat ähnliche Beobachtungen in seinem Essay »Europadämmerung« (2017) genauer unter die Lupe genommen und ist u. a. der Frage nachgegangen, was die Veränderungen insbesondere seit 1989 für unsere Gegenwart bedeuten können. Zur Krise der Demokratie gibt Krastev einen interessanten Hinweis:

>*In der Politik bedrohter Mehrheiten ist demokratisches Denken ein demographisches Denken. Die Nation ist – ähnlich wie Gott – einer der Schutzschilde der Menschen gegen den Gedanken der Sterblichkeit. Die Hoffnung, auch nach unserem Tod weiterzuleben, ist dem Gedächtnis unserer Familie und unserer Nation eingeschrieben. Das einsame Individuum ist auf andere Weise sterblich als der Mensch, der einer bestimmten Gruppe angehört.*«[33]

Es könnte aus dieser Warte auch klarer werden, welchen Stellenwert Emotionen, Emotionalisierung und insbesondere das Gefühl von Angst in überraschend vielen Debatten unserer

Zeit einnehmen. Gerade auch mit der Analyse populistischer Entwicklungen in Europa beschreibt Krastev ein vielschichtiges Phänomen:

»Wenn wir die Rolle der Demokratie in der aktuellen europäischen Krise beurteilen wollen, müssen wir zunächst einmal erkennen, dass das Empfinden der Öffentlichkeit heute nicht von demokratischen Erwartungen, sondern von demokratischer Verwirrung geprägt ist. Wer die politische Krise in Europa analysieren möchte, steckt deshalb in einer Falle. Auf einer Ebene gilt das, was vor einem Jahrhundert für die Monarchie galt, heute für die Demokratie [...]. Aber es wächst die Befürchtung, dass Demokratie schlicht nicht funktioniert.«[34]

Wo ist der Platz der Kirche an diesen Bruchstellen der Freiheit? In diesen aktuellen Herausforderungen können und müssen Christen und die Gemeinschaft der Kirche das Evangelium der Freiheit verkünden – im Wort und im eigenen Leben. Um ein echtes Zeichen der Hoffnung zu geben und ihrem Auftrag gerecht zu werden, dürfen sie nicht die populistischen, autoritären und fundamentalistischen Antworten befördern. Deshalb ist es sehr wichtig, dass sich die Evangelische Kirche in Deutschland und die Deutsche Bischofskonferenz 2019 gemeinsam zu Herausforderungen der Demokratie zu Wort gemeldet haben und sich dafür stark machen, das Vertrauen in die Demokratie zu stärken.[35]

Auch die Migrationskommission und die Pastoralkommission der Deutschen Bischofskonferenz haben sich gemeinsam mit der Deutschen Kommission Justitia et Pax intensiv mit den Herausforderungen des Populismus und auch den Fragen der Demokratiegefährdung beschäftigt und in einer gemeinsamen

Arbeitshilfe sowohl ihre Analysen als auch konkrete Anregungen gegeben: »Dem Populismus widerstehen. Arbeitshilfe zum kirchlichen Umgang mit rechtspopulistischen Tendenzen« (2019). Darin gibt es auch ein klares Bekenntnis zum Engagement der Christen und der Kirche:

> »Wo das demokratische Gemeinwesen beschädigt wird, Ideologien der Ungleichwertigkeit verbreitet werden, die Solidarität abnimmt und Ressentiments wachsen, ist das Engagement von Christen gefragt: für eine lebendige Demokratie, für die Wahrung der Menschenwürde, für die Anliegen der Ausgegrenzten und Marginalisierten. In der politischen Debatte um die Zukunft des Zusammenlebens steht die Kirche ein für ein mehr an Miteinander, Zugehörigkeit und Teilhabe.«[36]

Nur so können letztlich auch Gesellschaften, die immer stärker durch Migration und Einwanderung geprägt werden, »Zusammenhalt« finden.

Freiheit –
ein bleibender Auftrag

Es ist kaum möglich, mit den Überlegungen zur Freiheit an ein wirkliches Ende zu kommen. Jeder einzelne Aspekt, den ich bedenke, ruft neue Facetten, Perspektiven und Positionen hervor, die eigentlich auch noch bedacht sein müssten. Nicht zuletzt deshalb, weil diese Fragen nicht endgültig zu beantworten sind, ist Freiheit ein Lebensthema für mich geworden. Dem Anstoß und der Dynamik, die zur Freiheit selbst gehören, kann und will ich mich nicht entziehen. Und als Lebensthema verortet bleiben manche Aussagen auch sicher subjektiv. Anderes wiederum sage ich sehr deutlich gerade auch als Bischof und in meiner Verantwortung für den Glauben und den Weg der Kirche.

Vielleicht sind meine Gedanken streckenweise zu euphorisch geraten, zu unkritisch, zu allgemein. Vielleicht sind sie auch stellenweise zu kritisch und zu pessimistisch geraten. Das Nachdenken über Freiheit braucht immer wieder im kantischen Sinne der Unterscheidung »eine Kritik der Freiheit«, so wie es der Philosoph Otfried Höffe formuliert hat. Es ist ein großer Verdienst von Höffe, die Herausforderung der Freiheit deutlich und sehr konkret durchdekliniert zu haben.

Schwerter zu Pflugscharen

Freiheit ist und bleibt hoffentlich ein großes Schwungrad zur positiven Entwicklung der Menschheit. Das ist ein bleibender Auftrag – gleichermaßen für die Politik, die Gesellschaft, aber auch für die religiösen Bewegungen und Gemeinschaften. Und es ist erst recht ein bleibender Auftrag für die Kirche, die selbst in einer Freiheitgeschichte wurzelt.

Als 1989 die Wende in Europa mit einem beeindruckenden Freiheitspathos unterlegt war, stand die Kirche – gestützt durch das Zeugnis und das Wirken von Papst Johannes Paul II. – ganz klar auf der Seite der Freiheit und hat diese auch in einem theologischen Kontext interpretiert. Es berührt mich immer wieder, dass gerade das »Magnificat« in dieser Zeit sehr konkret bezogen wurde auf politische und gesellschaftliche Ereignisse. Das »Magnificat«, das so heißt nach den Anfangsworten der lateinischen Fassung, ist das Loblied, das Maria bei ihrer Begegnung mit Elisabeth anstimmt (vgl. LK 1,46–55). Es spielt bis heute eine große Rolle in der geistlichen Tradition und im Gebet der Christen und wird in der katholischen Kirche täglich beim Stundengebet gesprochen. Im »Magnificat« wird die Treue Gottes gepriesen, der mit seiner Gerechtigkeit und Barmherzigkeit für die Hungernden und Niedrigen Sorge trägt, und zugleich werden die Hochmütigen, Reichen und Mächtigen ermahnt. Die wahre Größe liegt in der Gerechtigkeit und Barmherzigkeit Gottes und nicht im Können und Wollen der Menschen allein. In diesem Lied heißt es: »Die Mächtigen stürzt er vom Thron.« Das klingt wie eine Begleitmusik zu den Ereignissen von 1989. Die Kirche konnte verdeutlichen, dass sie selbst für eine Freiheitsgeschichte steht und deshalb den Zeitereignissen nicht unpolitisch gegenübersteht.

Dass Menschen sich in Kirchen versammelten und nicht Waffen, sondern Kerzen trugen, konnte als eine Erfüllung der Verheißung verstanden werden, dass »Schwerter zu Pflugscharen« (JES 2,4; MI 4,3) umgeschmiedet werden können. Es war ein Slogan der Friedensbewegung in der DDR und ebenso ein Leitmotiv der Montagsgebete in der Nikolaikirche in Leipzig. Mit diesem biblischen Zitat verbindet sich eine sehr realistische Hoffnungsperspektive. Gerade aus der Zeit vor dem Fall der Mauer 1989 hat sich das Bild tief eingeprägt, dass nicht die Waffen entschieden haben, sondern betende Menschen mit Kerzen in den Händen.

Und heute? Wo steht die Kirche heute? Ist sie präsent? Bewegt sie die Herzen der Menschen? Engagiert sie sich für die Freiheit? Oder nährt sie gar die Angst vor der Freiheit? Steht die Freiheit vor uns, persönlich und gesellschaftlich, als große Gabe und Aufgabe, oder ist sie uns gleichgültig geworden und die Demokratie nicht so wichtig?

Gehen wir doch einmal auf die Reise in ein Fantasieland, nennen wir es »Frankonia«: Ein neuer Präsident kommt an die Macht und trifft sich mit den Bischöfen des Landes. Er sagt ihnen: »Unser Land ist ein katholisches Land. Wir wollen die christliche Prägung dieses Landes deutlich unterstreichen, ja sogar die katholische Prägung. Und deswegen führen wir zwei neue kirchliche Feiertage ein.« Die Runde der Bischöfe reagiert ganz froh auf diesen Vorschlag. Doch dann spricht der Präsident weiter: »Aber wir müssen doch auch die Presse- und Meinungsfreiheit einschränken. Da sind viele, die gegen die Kirche reden und auch gegen mich. Das kann so nicht weitergehen.« Nach dieser Aussage müssten die Bischöfe eigentlich vereint antworten: »Danke, aber dann verzichten wir auf die beiden Feiertage.«

Ich frage mich manchmal: Würden sie es tun? Wo stehen wir als Kirche, wenn es nicht nur theoretisch um Freiheit geht, sondern ganz praktisch um die Freiheit aller Menschen? Ich will mit dieser konstruierten Fantasiereise kritisch anmahnen, dass einige in der Kirche wohl nach wie vor zu stark orientiert sind an Selbsterhaltungsstrategien und der Sicherung der eigenen Interessen, nach dem Motto: Wenn wir unsere Themen verhandelt haben, wenn wir unsere kirchlichen Ziele erreicht haben, dann sind wir zufrieden. Aber darum geht es eben nicht, sondern es geht um alle Menschen. Und deshalb ist die Freiheit nicht korrumpierbar und teilbar und darf nicht Einzelinteressen untergeordnet werden! Sie ist verantwortliche Freiheit, aber unteilbar!

Zur Überwindung von Hass und Gewalt

Ich wiederhole noch einmal: Freiheit ist nicht identisch mit Erlösung. Aber Erlösung hat etwas mit der Vision der Freiheit zu tun, die letztlich ausgerichtet ist auf einen Horizont, der über den Menschen selbst hinausgeht. Denn es gehört ja, wie aufgezeigt, zum Grundbestand von Freiheit, dass sie sich für den anderen öffnet. In dieser Bezogenheit kann das eigene Leben geführt und gewagt werden, und für uns Christen gründet diese Freiheit in Gott.

Dieses umfassende Verständnis von Freiheit ist nicht zu politisch, wie manche meinen. Freiheit hat eine geistliche Dimension. Denn es geht hier um »eine Mystik der offenen Augen«, wie es Johann Baptist Metz formuliert hat, um eine Mystik und Politik der Nachfolge und des Eintretens in die Dynamik Gottes selbst, der Mensch wird, um den Menschen zu befreien.

Aus diesem Glauben heraus können Wege in die Zukunft aufgezeigt werden. Wir wollen keine »Zeitgeist-Kirche« sein, aber eine Kirche, die den Geist der Zeit mitprägt, die mit Argumenten und Ideen zeichenhaft in der Welt präsent ist mit ihrem Zeugnis und die die »Zeichen der Zeit« im Licht des Evangeliums versteht.

Im Bischofshaus in München gibt es in der Kapelle ein neues Bild der Verkündigungsszene, gemalt von der Künstlerin Brigitte Stenzel: Dargestellt ist Maria als junge Frau, die einen schweren Vorhang vorsichtig zur Seite hin öffnet und in das dahinter scheinende Licht schaut. Sie steht still und scheint zu staunen und zu warten. Unter dem Vorhang schleicht sich die Schlange aus dem Bild.

Ich selbst und viele Menschen, gerade auch junge Menschen, die dieses Bild sehen, sind davon sehr angesprochen. Das mag auch daran liegen, dass die Künstlerin sich stark mit ihrem Werk identifiziert und deshalb Maria ihre eigenen Gesichtszüge gegeben hat. Das Bild hat etwas ganz radikal Aktuelles und zugleich Zeitloses.

In dieser Szene geht es für mich als gläubigen Christen um den grundsätzlichen Wendepunkt der Geschichte: um die Menschwerdung Gottes, und damit um einen Prozess, der unumkehrbar ist in der Geschichte der Menschen und der ganzen Schöpfung. Ein Prozess, der sich unlösbar eingeprägt hat in die Geschichte der Welt: Gott und Welt sind untrennbar aufeinander bezogen, miteinander verbunden.

Ich will an diesem Punkt noch einmal zurückkommen auf die Ignatianischen Exerzitien. Ignatius lädt im Ablauf dieser Exerzitien dazu ein, eine andere Perspektive zu übernehmen: Wir sollen uns vorstellen, ausgehend von unseren menschlichen Erfahrungen, wie die drei göttlichen Personen – also

Vater, Sohn und Heiliger Geist – miteinander sprechen. Im Austausch miteinander schauen sie auch auf die Welt und sehen das Elend der Welt, die Katastrophen, die Gewalt, die Sünde. Sie sagen einander – menschlich gesprochen: Schluss damit! Das ist nicht das, was wir wollten. Es ist nicht das, was möglich ist und was eigentlich gedacht war. Und sie beschließen, dass einer von ihnen, die zweite Person der Gottheit, Mensch wird und sich auf dieses Elend ganz einlässt, sich also in die Katastrophen und all die Gewalt und die Sünde der Welt hineinbegibt, ganz radikal.

In einem zweiten Schritt sollen wir in den Ignatianischen Exerzitien auf Maria sehen (vgl. Exerzitien 103 ff.), wie diese junge Frau aus Nazareth Ausschau hält, und darauf, wie der ganze Himmel den Atem anhält, ob das Jawort von ihr kommt, das Einverständnis zu diesem ungeheuren »Projekt«, dass Gott Mensch wird und sich damit für immer alles verändert. Von ihrer Beteiligung, von ihrem Jawort hängt alles ab, so die Botschaft und die Betrachtung in den Exerzitien des hl. Ignatius von Loyola.

Wenn ich nach der Feier der heiligen Messe in der Kapelle des Bischofshauses gemeinsam mit den beiden Ordensschwestern, mit denen ich zusammenlebe, den »Engel des Herrn« bete, also das Gebet spreche, das diese Szene in besonderer Weise zum Ausdruck bringt, dann stelle ich mich im Geist an die Seite Mariens und halte selbst Ausschau nach dem Licht. Denn in gewisser Weise soll jeder von uns bereit sein, Christus aufzunehmen und die Menschwerdung Gottes fortzuführen – natürlich nur in analoger Weise –, aber schon als eine wirkliche Aufgabe verstanden. In den Exerzitien des Ignatius geht es ja darum, dass diese geistliche Einübung dazu aufhilft, den eigenen Ort in der Kirche und in der Welt zu finden, also im Grunde selbst ein Jawort zu dem zu geben, was Gott uns in Christus gezeigt hat: Es ist die Einladung, in die Dynamik Gottes einzutreten zur Rettung, zur Heilung, zur Befreiung der Welt und der Menschen, zur Überwindung von Hass, Gewalt und Sünde. Uns wird die Frage gestellt: Willst du an der Seite Jesu diesen Weg mitgehen? Bist du dabei? Willst du an diesem Projekt mitwirken? Das ist im Grunde – theologisch gesprochen – die geistliche Haltung der Kirche und auch jedes einzelnen Christen im Sinne einer »Mystik der offenen Augen«.

Für mich geht es im Einsatz um die Freiheit für alle Menschen nicht zuerst um ein politisches Engagement, sondern um eine geistliche Erfahrung, um ein Eintreten in die Bewegung Gottes selbst, wie sie uns im Weg Jesu von Nazareth aufleuchtet und wie sie in der Gemeinschaft der Kirche bezeugt wird. Deshalb ist für mich klar: Christ sein und frei sein, Christ sein und für die Freiheit eintreten, das gehört zusammen.

Christ sein und frei sein – das passt nicht nur zusammen, sondern ist untrennbar verbunden.

Mein Ja zur Freiheit!

Vor über 40 Jahren habe ich angefangen, mich ausführlicher mit der Theologie der Befreiung zu beschäftigen und mit dem Verhältnis von Sozialwissenschaften und Theologie. Mit dem Versuch, Theologie und Sozialkritik zu vermischen, bin ich kritisch umgegangen, um nicht in falscher Weise säkulare Hoffnungen mit den theologischen Begriffen von Natur und Gnade, Erlösung und ewigem Leben durcheinander zu bringen. Diese Überlegungen führten in meiner Doktorarbeit zur Diskussion von Möglichkeiten und Grenzen einer soziologischen Betrachtungsweise der Kirche; kurz gefasst also zur Frage: Ist Kirche anders?

Aus diesem intensiven Studium ist mir die leidenschaftliche Neugier auf die Dinge der Welt geblieben, gerade weil diese Welt von Gott gewollt ist. Sie ist seine Schöpfung. Er ist Mensch geworden und hat sich mit dieser Welt, mit dieser Schöpfung, mit den Menschen verbunden: »Denn Gott hat die Welt so sehr geliebt, dass er seinen einzigen Sohn hingab« (JOH 3,16). Für mich ist seitdem klar, dass man Theologie nicht betreiben kann, ohne die Welt zu kennen, verstehen zu wollen, was vorgeht – soweit das mit den Mitteln des menschlichen Verstandes möglich ist –, von anderen zu lernen, andere Wissenschaften zu integrieren, mit all ihren jeweiligen Begrenzungen und Sachlogiken. Die Sehnsucht und die Hoffnung der Menschen – auch die ganz menschlichen nach Brot, Gemeinschaft, Liebe, Arbeit, Freiheit – sind Ausgangspunkte für die Theologie und müssen ihren Ort haben in unserem theologischen Denken. Denn sie weisen hin auf die Dynamik Gottes selbst, die auf das umfassende Heil aller Menschen und der ganzen Schöpfung ausgerichtet ist. Auf ein Heil, das sichtbar wird in den Zeichen des Reiches Gottes, das unter uns angebrochen ist, wie es Jesus von Nazareth verkündet. Der Kirche darf deshalb nichts Menschliches fremd sein; sie muss das Menschliche einfügen in die Perspektive der Hoffnung und der Heilung, der endgültigen Befreiung. Was der Geist Gottes uns heute sagen will, das müssen besonders auch die Verantwortlichen in der Kirche aufnehmen und aufzeigen, letztlich jedoch alle in ihrer jeweiligen Zeitstunde, im jeweiligen biographischen Augenblick. Und wir spüren offensichtlich, dass die jetzige Zeit ein besonderes »Momentum« hat. Umso wichtiger ist es, dass die Stimme des Glaubens, die Stimme des Evangeliums, hörbar wird und sich in das Konzert der vielen Stimmen unserer Gegenwart hineinbegibt.

Ich bin davon überzeugt, dass wir am Anfang einer »neuen Weltordnung« stehen. Ich spüre manchmal, wie eine Unruhe gleichsam unter dem Fundament unseres Lebens, auch im Blick auf die globalen Entwicklungen, stärker wird. Die »alte Welt« vergeht und eine »neue Welt« entsteht, deren Umrisse wir noch nicht genau erkennen können. Wir sehen Tendenzen, die vielleicht vor einigen Jahren so noch nicht prognostiziert wurden:

Die alte Säkularisierungsthese etwa hat sich scheinbar überholt: Religionen verschwinden nicht, sondern kehren zurück, werden sogar stärker. Aber ist das an sich und durchweg ein gutes Zeichen? Der Globalisierung der letzten Jahrzehnte wird ein neu wachsender Nationalismus entgegengehalten, eine neue Suche nach Identität und Sicherheit gegenüber dem Einfluss der Anderen oder des Anderen – sei es religiöser oder kultureller Natur. Die sozialen, politischen und ökologischen Folgen eines ungebremsten Kapitalismus stehen bereits auf der Tagesordnung der Geschichte und werden in einer noch offenen Weise und Zielrichtung abgearbeitet. Jedenfalls kann die These – wie sie auch Francis Fukuyama Anfang der 90er-Jahre in die Debatte eingebracht hat – vom »Ende der Geschichte«, so als seien Demokratie und Kapitalismus, die liberale Ordnung des Westens, unbestrittene Orientierungskoordinaten für die Zukunft der Welt, nicht ohne Weiteres bestehen bleiben.

Wo stehen Religionen im 21. Jahrhundert?

Was wird kommen? Wie geht die Kirche ihren Weg inmitten dieser Turbulenzen, Umbrüche und Aufbrüche? Eines ist sicher: Die Kirche steht nicht unbeteiligt außen vor, sondern sie ist eine Realität inmitten der Gesellschaft, inmitten der politischen und kulturellen Umbrüche. Wir können ja Kirche und Welt, Kirche und Gesellschaft nicht trennen als zwei voneinander völlig unabhängige Wirklichkeiten. Das macht es umso schwieriger, den Weg zu beschreiben und das Miteinander von Kirche und Gesellschaft zu klären.

Der berühmte Philosoph und Politiker André Malraux hat schon in den 1960er-Jahren gesagt, das 21. Jahrhundert werde religiös sein oder es werde nicht mehr sein. Aber welche Religion ist das? Sind die Religionen alle ähnlich? Stimmt die Überzeugung, die Hans Küng immer wieder stark gemacht hat, dass im Kern alle Religionen einen ethischen Konsens haben? Wenn wir von einer theoretischen Betrachtung der Religionen her auf die konkrete religiöse Praxis schauen, kommen doch manche Zweifel auf. Muss nicht von Neuem geklärt werden, was wir überhaupt meinen, wenn wir von Religion sprechen? Was bedeutet es, das Wort »Gott« auszusprechen?

Es heißt also, Religionen gewinnen an Bedeutung. Aber nimmt nicht auch die Instrumentalisierung der Religion zu? Werden Religionen, auch das Christentum, neu benutzt als Begründung für Abgrenzung, als Instrument einer politisch bestimmten kulturellen Identität? Ich kann nicht erkennen, dass eine solche Instrumentalisierung in der Linie des Evangeliums liegt. Ich kann auch nicht erkennen, dass ein solchermaßen instrumentalisierter Gott der Gott sein soll, den Jesus Vater nennt, den Schöpfer der Welt, der nicht selbst Teil der Welt ist und gerade deshalb nicht benutzt werden kann – weder als Kriegsgott noch als Stadtgott noch als Kulturgott noch als Gott einer Nation. Sondern nur als Gott und Vater aller Menschen.

Ja, die Frage stellt sich mir immer stärker: Welche Religion, auch im Blick auf die Kirche, auf die Entwicklung der Kirche, zeigt sich in unseren Tagen? Gibt es nicht auch eine stärkere »Sentimentalisierung« und einen größer werdenden Fundamentalismus, der sich breitmacht und der Religion als Gefühl, als Erweckung versteht und zugleich eine neue Radikalisierung und Rechthaberei von Wahrheitsbesitzern zeigt, die gegeneinander streiten? Ich sehe diese Entwicklungen mit Sorge, die in allen Religionen aktuell spürbar und sichtbar zu werden scheinen, auch im Christentum. In der Gegenbewegung sehe ich gleichwohl, dass eine Säkularisierung stärker wird, die mit zivilreligiösen Ritualen der Wahrheit des Glaubens keine Bedeutung mehr zumisst. Eine solche Entwicklung würde dazu führen, dass die Religionen nicht Teil der Lösung für die Zukunft der Menschheit sind, sondern Teil des Problems bzw. zum Teil des Problems werden können. Sie dienen dann nicht der Einheit der Menschen. Sie dienen dann nicht dazu, die eine Menschheitsfamilie in den Blick zu nehmen, Brücken zu bauen, Solidarität zu ermöglichen, die Zukunft aller Menschen vor Augen zu haben und Gott als den Gott aller Menschen zu sehen. Vielmehr würden Religionen dann dazu beitragen, exklusive Zirkel der eigenen Identität zu verstärken, die sich kommunikationslos nebeneinander her entwickeln und damit tendenziell neue Spannungen und Konflikte befördern würden.

Wenn die Kirche ein Zeichen der Freiheit, das Sakrament der Einheit aller Menschen ist und sein will, muss sie selbst diesen Versuchungen widerstehen. Das gilt innerhalb eines Landes und auch global. Papst Franziskus versucht das in großartiger Weise in seiner Verkündigung und seinem Handeln deutlich zu machen. Die Kirche hat in ihrer Verkündigung darauf zu achten, dass das Geheimnis Gottes nicht instrumentalisiert wird, dass die »Alterität« Gottes gewahrt bleibt, dass Gott als das »absolute Geheimnis« (Karl Rahner) nicht banalisiert wird. Kirche der Freiheit bedeutet dann auch, den Menschen zuzugestehen, dass Glaube und Zweifel zusammengehören. Die scheinbar so einfache Formel der Vergangenheit »Das musst du glauben« verfängt nicht mehr. Sie führt nicht in die Freiheit, sondern in eine falsche Gehorsamshaltung. Wenn die Kirche die Freiheit will, muss sie den Menschen helfen, ihren eigenen Weg zu gehen im Sinn des Evangeliums und im Volk Gottes. Sie muss helfen, dass Menschen beten können, fragen und suchen, dass sie vom Geheimnis Gottes fasziniert werden können in der Feier der Liturgie und dass sie die Gebote nicht als Fremdbestimmung erfahren, sondern als Hilfestellung für den Weg in die verantwortliche Freiheit. Ohne das freie Jawort kann der

Glaube nicht wirklich befreiend sein. Und die Praxis des eigenen Lebens auch nicht. Diese Ausrichtung zu einem heutigen Glaubensweg, der um der Freiheit willen auch den Zweifel einbezieht, zeigt Tomáš Halík in seinem Buch »Theater für Engel« (2019) auf. Für ihn »wohnt« Gott »in der Freiheit«.[37]

Deshalb betone ich so sehr die Einheit von Bekenntnis, Praxis und Gebet. Das theologische Denken muss alle drei Aspekte in den Blick nehmen: die Lehre, die gelebte Praxis und den im Gebet gefeierten Glauben. Und zwar in der Erfahrung, dass Gott sich uns frei zuwendet und eine freie Antwort erwartet, ein freies Jawort, einen wirklichen Bund, eine Freundschaft, eine Liebe. Das Verhältnis zu Gott ist kein wechselseitiges Geschäftsverhältnis des »do ut des«, sondern es ist ein Verhältnis der Liebe, die frei ist und frei macht.

Das zu betonen und zu leben, ist für die Kirche in der heutigen Zeit wichtig. Die Kirche selbst müsste sich – im Geist der Ignatianischen Exerzitien – neu an die Seite Christi stellen, um das Projekt der Rettung aller Menschen voranzubringen. Es sollte sichtbar werden, dass sie selbst pro-existent ist, d. h. für andere da ist, und nicht für sich selbst, zum Zelebrieren der eigenen Größe und Wichtigkeit. Noch einmal sei es gesagt: Nicht wir bringen Christus in die Welt, sondern er ist schon da und wirkt in der Kraft seines Geistes. Unsere Aufgabe ist es, ihn zu bezeugen und im Miteinander sichtbar zu machen, was es heißt, dass das Reich Gottes schon angebrochen ist. Dazu müssen wir auch bereit sein, auf Augenhöhe und im Dialog mit dem Nachdenken unserer Gegenwart diesen Glauben und diese Lebensweise zu begründen und sichtbar zu machen, dass sie den Grundintentionen der Vernunft entsprechen und dem Leben der Menschen dienen; nicht nur theoretisch, sondern ganz praktisch.

Ich weiß und verstehe, dass viele im Blick auf die aktuelle Situation der Kirche eher Sorgen haben. Es ist keine Frage: Die Kirche selbst sucht nach Orientierung, sie sucht ihren Weg, und das wird sicher noch andauern. Was ich aber nicht akzeptieren kann ist, dass der Weg der Kirche ein Weg in eine größere Enge, in einen stärkeren Fundamentalismus wird und sich möglicherweise sogar politisch, gesellschaftlich und auch theologisch auf eine autoritäre Restauration zubewegt. Mit dieser Ausrichtung kann die Kirche nicht Instrument der wirklichen integralen Befreiung werden. Protagonistin einer neuen umfassenden Fortschrittsidee kann sie nur sein, wenn wir im Dialog mit allen Menschen stehen und offenbleiben für das Wehen des Geistes in Schöpfung und Geschichte. Dann wird die Kirche weiter ihren konkreten Beitrag leisten und das »Heilsprojekt Gottes« in glaubwürdiger Weise darstellen und bezeugen können.

Ich glaube weiter an eine neue Epoche des Christentums, die langsam zum Vorschein kommen wird. Das wird ein längerer Weg, davon bin ich überzeugt. Und das, was etwa in Deutschland der Synodale Weg leisten kann, ist vermutlich nur ein kleiner Moment in der großen Geschichte des Christentums. Aber es könnte dieser Moment sein, der weiterführt.

Ich glaube, Christus kommt von vorne auf uns zu, von der Zukunft her. Und genau deshalb gilt es, immer wieder neu aufzubrechen, den Exodus zu wagen, auch wenn es durch die Wüste geht. Nur so kann die Freiheit der Kinder Gottes gefunden werden. Diese Befreiung, diese Freiheit findet ihre Vollendung in der Liebe, in der Freundschaft, im Jawort zum liebenden Gott, dem wir uns anvertrauen.

Deshalb will ich zum Schluss noch einmal klar sagen: Freiheit und Liebe sind aufeinander bezogen. Freiheit und

Verantwortung. Freiheit und Verlässlichkeit. Das Loblied auf die Freiheit, das ich versucht habe in diesem Essay zu singen, mit all den dazugehörenden Fragen und kritischen Perspektiven, hat nichts zu tun mit Ungebundenheit, Beliebigkeit oder Egoismus. Die Freiheit, zu der Christus selbst befreit, ist die Freiheit zur Liebe. Es ist eine Freiheit, die den anderen Menschen – und damit grundsätzlich alle anderen –, und vor allem den ganz Anderen, nämlich Gott, einbeziehen will. Mit Theo Kobusch gesprochen: Denn »mit der Freiheit hat es also eine besondere Bewandtnis. Im Unterschied zu allen anderen Gütern dieser Welt kann man sie nur haben, indem man sie anderen schenkt.«[38]

Ein freier Mensch sollte den Mut zum je neuen Aufbruch haben und den Möglichkeiten Gottes vertrauen. Das wünsche ich mir und Ihnen auch für die Jahre, die noch bleiben.

Ganz in diesem Sinne will ich schließen mit Rainer Maria Rilke:

>*»Ich lebe mein Leben in wachsenden Ringen,*
>*die sich über die Dinge ziehn.*
>*Ich werde den letzten vielleicht nicht vollbringen,*
>*aber versuchen will ich ihn.*
>
>*Ich kreise um Gott, um den uralten Turm,*
>*und ich kreise jahrtausendelang;*
>*und ich weiß noch nicht: bin ich ein Falke, ein Sturm*
>*oder ein großer Gesang.«*[39]

Zum Schluss

Das Thema Freiheit habe ich in vielen Überlegungen umkreist. Aber natürlich ist längst nicht alles gesagt. Ich hoffe aber, dass die Grundgedanken auch Anregungen geben, in anderen Bereichen das Thema »Freiheit und Verantwortung« zu vertiefen. Denn für mich ist eines klar: Bei diesem Thema geht es nicht um Anpassung an den Zeitgeist, sondern um ein Lesen und Interpretieren der »Zeichen der Zeit«, denn die Freiheitsgeschichte wird – so hoffe ich – zu den Grundbedingungen auch einer zukünftigen Gesellschaft gehören. Die Würde des Menschen gründet in der Fähigkeit und der Gabe zur verantwortlichen Freiheit. Das ist der Kern des christlichen Menschenbildes und deshalb ist es auch Auftrag der Kirche, sich für Lebensbedingungen und Ordnungen einzusetzen, die verantwortliche Freiheit ermöglichen. Dass das eine große Herausforderung ist und vieler Anstrengungen bedarf, ist klar. Wir sind auch nicht sicher vor Rückschlägen und Entwicklungen in neue oder alte Unfreiheiten. Tendenzen dazu habe ich aufgezeigt.

Die Kirche sollte auf der Seite der verantwortlichen Freiheit stehen und das auch in ihren Grundvollzügen Verkündigung, Liturgie und Caritas sichtbar machen und in ihrer Ethik nach innen und nach außen verbinden. Hier wäre vieles weiter zu entfalten, das ich nur angedeutet oder ganz ausgelassen habe. Die Theologie wird daran weiterarbeiten, Wege der Evangelisierung aufzuzeigen, die deutlich machen, dass der Weg zum Christsein ein Weg in die intensivere, größere Freiheit ist, die vor Gott und den Menschen Verantwortung übernimmt und sich letztlich vollendet in der Liebe. Moraltheologie und Sozialethik (z. B. im Bereich der Sexualmoral und der politischen Ethik) werden die Themen weiter entfalten und tun es bereits. Vielleicht finden Sie in meinen Anmerkungen und Überlegungen doch auch den einen oder anderen Gedanken, der weiterführt. Auch für den Synodalen Weg der katholischen Kirche in Deutschland sehe ich hier so etwas wie einen »roten Faden«. Denn es geht ja letztlich darum, dem Evangelium neue Strahlkraft zu geben, wenn wir von einem Gott sprechen, der uns durch Christus hindurch in die wahre Freiheit führt und wirklich erlöst.

Dank

Am Schluss dieses kleinen Büchleins muss ich Danke sagen und ich tue es gern. Dass bei den vielen täglichen Herausforderungen noch Zeit »frei geschaufelt« wurde, verdanke ich meinem Sekretariat und vor allem Frau Inge Broy, die mich seit über 15 Jahren begleitet als meine Theologische Referentin. Ohne sie wären Projekte wie dieses inmitten vielfältiger anderer Aufgaben gar nicht möglich. Ich danke auch Frau Michaela Breit vom Kösel-Verlag, die mich in den letzten Jahren immer wieder gedrängt hat, endlich das kleine Buch anzufangen, bis ich schließlich nicht mehr ausweichen konnte.

Ich bin mir des Unvollkommenen und Fragmentarischen des vorliegenden Textes voll bewusst, wage aber dennoch, ihn jetzt denen als Anregung und Ermutigung anzubieten, die interessiert sind am Thema »Freiheit«. Denn Freiheit braucht Mut!

Anhang

Anmerkungen

1. Jan-Werner Müller: Furcht und Freiheit. Für einen anderen Liberalismus. Frankfurt 2019.
2. Alfred Delp SJ: Epiphanie 1945. In: Alfred Delp: Gesammelte Schriften. Band IV: Aus dem Gefängnis. Hg. von Roman Bleistein. Frankfurt a.M. 1984, 216 f.
3. Erich Fromm: Die Furcht vor der Freiheit. München 22. Aufl. 2018, 7 f.
4. Jan Assmann: Exodus. Die Revolution der Alten Welt, München 3. durchges. Aufl. 2015, 24.
5. Heinrich August Winkler: Geschichte des Westens. Von den Anfängen in der Antike bis zum 20. Jahrhundert. Bd. 1. München 2016, 25.
6. Eckhard Nordhofen: Corpora. Die anarchische Kraft des Monotheismus. Freiburg 2. Aufl. 2019, 27 f.
7. Johannes Paul II.: Ansprache zum Abschied am Brandenburger Tor, 23. Juni 1996: In: Verlautbarungen des Apostolischen Stuhls Nr. 126: Predigten und Ansprachen von Papst Johannes Paul II. bei seinem dritten Pastoralbesuch in Deutschland. Hg. vom Sekretariat der Deutschen Bischofskonferenz. Bonn 1996, 87–92, hier 89 f.
8. ebd., 90–92.
9. Bernd Roeck: Der Morgen der Welt. Geschichte der Renaissance. München 2. Aufl. 2018, 1072.
10. Ivan Krastev/Stephen Holmes: Das Licht, das erlosch. Eine Abrechnung. Berlin 2019, 9.
11. ebd., 304.

12. Hubert Wolf: Es war halt immer schon so. Reformansätze aus historischer Perspektive. In: zur debatte. Themen der Katholischen Akademie in Bayern, 5 / 2019. München 2019, 3.

13. Fjodor Dostojewskij: Die Brüder Karamasow. In der Neuübersetzung von Swetlana Geier. Frankfurt a. M. 7. Aufl. 2019, 403.

14. ebd., 407.

15. Jürgen Habermas: Auch eine Geschichte der Philosophie. Band 2: Vernünftige Freiheit. Spuren des Diskurses über Glauben und Wissen. Berlin 2019, 807.

16. Reinhard Marx: Ist Kirche anders? Möglichkeiten und Grenzen einer soziologischen Betrachtungsweise. Paderborn 1990, 451.

17. Johann Wolfgang Goethe: Natur und Kunst. Zitiert nach: Marcel Reich-Ranicki (Hg.): Der Kanon. Die Deutsche Literatur. Gedichte. Band 2. Frankfurt a. M. 2005, 108.

18. Paul Kirchhof: Beherzte Freiheit. Freiburg 2018, 98 f.

19. Adam Smith: Untersuchung über Wesen und Ursachen des Reichtums der Völker. 2 Bde. Düsseldorf 1999, 98.

20. Immanuel Kant: Zum ewigen Frieden. Zweiter Abschnitt, 1. Absatz, 1. Zusatz. In: Ders.: Schriften zur Anthropologie, Geschichtsphilosophie, Politik und Pädagogik I. Werkausgabe Band XI, hg. v. Wilhelm Weischedel. Frankfurt a.M. 1978, 224.

21. Vgl. dazu ausführlicher Reinhard Marx: Glaube und Kirche angesichts einer sich beschleunigenden Moderne: Zur Notwendigkeit einer »aufgeklärten Aufklärung«. In: Heinrich Schmidinger (Hg.): Chancen des Christlichen in einer ökonomisierten Welt. Salzburger Hochschulwochen 2004. Salzburg 2004, 26–51.

22. Thomas Pröpper. Erlösungsglaube und Freiheitsgeschichte. Eine Skizze zur Soteriologie. München 3. Aufl. 1991, 192.

23. Georg W. F. Hegel: Enzyklopädie der Philosophischen Wissenschaften im Grundrisse, § 482. Neuausgabe mit einer Biographie des Autors. Hg. v. Karl-Maria Guth. Berlin 2017, 391.

24. Johann Baptist Metz: Glaube in Geschichte und Gesellschaft. Mainz 3. Aufl. 1980, 79.

25. Unsere Hoffnung. Ein Bekenntnis zum Glauben in dieser Zeit. In: Gemeinsame Synode der Bistümer der Bundesrepublik Deutschland. Beschlüsse der Vollversammlung. Offizielle Gesamtausgabe Bd. I. Freiburg, Basel, Wien 1976, 85.

26. ebd., 95–97.

27. Papst Johannes XXIII. (1962): Ansprache anlässlich der feierlichen Eröffnung des Zweiten Vatikanischen Ökumenischen Konzils. Zitiert nach: KNA Sonderdienst Zweites Vatikanisches Konzil, Nr. 19, 11.10.1962. Bonn, München, Berlin, Frankfurt, Rom (Katholische Nachrichten-Agentur), 4.

28. Karl Rahner: Frömmigkeit früher und heute. In: Ders.: Schriften zur Theologie. Bd. VII. Einsiedeln 2. Aufl. 1971, 22.

29. In besonders anschaulicher Weise zeigt das Allen Figueroa Deck SJ in seinem Buch: Francis, Bishop of Rome. The Gospel for the Third Millenium. Mahwah / New Jersey 2016.

30. Johannes Herzgsell: Karl Rahners Theologie der Freiheit. Hg. v. Harald Schöndorf und Albert Raffelt. München, Freiburg 2018, 46.

31. Paul Collier: Sozialer Kapitalismus! Mein Manifest gegen den Zerfall unserer Gesellschaft. München 2019, 291.

32. Francis Fukuyama: Identität. Wie der Verlust der Würde unsere Demokratie gefährdet. Hamburg 3. Aufl. 2019, 17.

33. Ivan Krastev. Europadämmerung. Ein Essay. Berlin 2017, 62.

34. ebd., 84.

35. Vgl. Vertrauen in die Demokratie stärken. Ein Gemeinsames Wort der Deutschen Bischofskonferenz und des Rates der Evangelischen Kirche in Deutschland. Gemeinsame Texte 26. Hg. vom Sekretariat der Deutschen Bischofskonferenz und dem Kirchenamt der EKD. Bonn, Hannover 2019.

36. Dem Populismus widerstehen. Arbeitshilfe zum kirchlichen Umgang mit rechtspopulistischen Tendenzen. Hg. vom Sekretariat der Deutschen Bischofskonferenz. Arbeitshilfen Nr. 305. Bonn 2019, 31.

37. Tomáš Halík: Theater für Engel. Das Leben als religiöses Experiment. Freiburg 2019, 159.

38. Theo Kobusch: Wer Großes will, muss sich beschränken können. Vom Wesen des Moralischen. Basel 2018, 55.

39. Rainer Maria Rilke: Das Stundenbuch. Frankfurt a. M. 1972, 11.

Verwendete Literatur

Die Bibel. Einheitsübersetzung der Heiligen Schrift. Stuttgart 2016.

Amazonien. Neue Wege für die Kirche und für eine ganzheitliche Ökologie. Schlussdokument der Bischofssynode – Sonderversammlung für Amazonien vom 25.10.2019. Hg. v. Bischöflichen Hilfswerk Misereor e.V. Aachen 2019.

Centesimus annus (1991): Enzyklika von Papst Johannes Paul II. vom 1.5.1991. In: Katholische Arbeitnehmer-Bewegung Deutschlands e.V. (Hg.): Texte zur katholischen Soziallehre. Die sozialen Rundschreiben der Päpste und andere kirchliche Dokumente. 9. erw. Aufl. Köln, Kevelaer 2007, 689–764.

Evangelii Gaudium (2013): Apostolisches Schreiben von Papst Franziskus vom 24.11.2013. Verlautbarungen des Apostolischen Stuhls Nr. 194. Hg. v. Sekretariat der Deutschen Bischofskonferenz. Bonn.

Gemeinsam Kirche sein (2015): Wort der deutschen Bischöfe zur Erneuerung der Pastoral vom 1.8.2015. Die deutschen Bischöfe Nr. 100. Hg. v. Sekretariat der Deutschen Bischofskonferenz. Bonn.

Laudato si' (2015): Enzyklika von Papst Franziskus vom 24.5.2015. Verlautbarungen des Apostolischen Stuhls Nr. 202. Hg. v. Sekretariat der Deutschen Bischofskonferenz. Bonn.

Mirari vos (1832): Enzyklika von Papst Gregor XVI. vom 15. 8. 1832. In: Denzinger, Heinrich: Enchiridion symbolorum definitionum et declarationum de rebus fidei et morum. Kompendium der Glaubensbekenntnisse und kirchlichen Lehrentscheidungen. 45. Aufl. Freiburg, Basel, Wien 2017, Nr. 2730–2732, 706 f.

Pacem in terris (1963): Enzyklika von Papst Johannes XXIII. vom 11.4.1963. In: Katholische Arbeitnehmer-Bewegung Deutschlands e.V. (Hg.): Texte zur katholischen Soziallehre. Die sozialen Rundschreiben der Päpste und andere kirchliche Dokumente. 9. erw. Aufl. Köln, Kevelaer 2007, 241–290.

Papst Johannes XXIII.: Ansprache anlässlich der feierlichen Eröffnung des Zweiten Vatikanischen Ökumenischen Konzils. Zitiert nach: KNA Sonderdienst Zweites Vatikanisches Konzil, Nr. 19, 11.10.1962. Bonn, München, Berlin, Frankfurt, Rom (Katholische Nachrichten-Agentur), 1–9.

Papst Johannes Paul II.: Ansprache zum Abschied am Brandenburger Tor, 23. Juni 1996: In: Verlautbarungen des Apostolischen Stuhls Nr. 126: Predigten und Ansprachen von Papst Johannes Paul II. bei seinem dritten Pastoralbesuch in Deutschland. Hg. v. Sekretariat der Deutschen Bischofskonferenz. Bonn 1996, 87–92.

Dem Populismus widerstehen. Arbeitshilfe zum kirchlichen Umgang mit rechtspopulistischen Tendenzen. Hg. v. Sekretariat der Deutschen Bischofskonferenz. Arbeitshilfen Nr. 305. Bonn 2019.

Rerum novarum (1891): Enzyklika von Papst Leo XIII. vom 15.5.1891. In: Katholische Arbeitnehmer-Bewegung Deutschlands e.V. (Hg.): Texte zur katholischen Soziallehre. Die sozialen Rundschreiben der Päpste und andere kirchliche Dokumente. 9. erw. Aufl. Köln, Kevelaer 2007, 1–38.

Unsere Hoffnung. Ein Bekenntnis zum Glauben in dieser Zeit. In: Gemeinsame Synode der Bistümer der Bundesrepublik Deutschland. Beschlüsse der Vollversammlung. Offizielle Gesamtausgabe Bd. I. Freiburg, Basel, Wien 1976, 84–111.

Vertrauen in die Demokratie stärken. Ein Gemeinsames Wort der Deutschen Bischofskonferenz und des Rates der Evangelischen Kirche in Deutschland. Gemeinsame Texte 26. Hg. v. Sekretariat

der Deutschen Bischofskonferenz und dem Kirchenamt der
EKD. Bonn, Hannover 2019.

Generalsekretariat der Bischofssynode (Hg.): Vorbereitungsdokument zur Bischofssynode 2018 »Die Jugendlichen, der Glaube
und die Berufungsunterscheidung« vom 13.1.2017. Zitiert nach:
https://www.dbk.de/fileadmin/redaktion/diverse_downloads/
presse_2017/Vorbereitungsdokument-Bischofssynode-2018.pdf

Zu Fragen der Stellung der Frau in Kirche und Gesellschaft (1981).
Wort der deutschen Bischöfe vom 21.9.1981. Die deutschen
Bischöfe Nr. 30. Hg. v. Sekretariat der Deutschen Bischofskonfe-
renz. Bonn.

Jan Assmann: Exodus. Die Revolution der Alten Welt. München
3. durchges. Aufl. 2015.

Paul Collier: Sozialer Kapitalismus! Mein Manifest gegen den Zerfall
unserer Gesellschaft. München 2019.

Allen Figueroa Deck SJ: Francis, Bishop of Rome. The Gospel for the
Third Millenium. Mahwah/New Jersey 2016.

Alfred Delp SJ: Epiphanie 1945. In: Alfred Delp: Gesammelte Schriften. Band IV: Aus dem Gefängnis. Hg. von Roman Bleistein.
Frankfurt a. M. 1984, 215–224.

Fjodor Dostojewskij: Die Brüder Karamasow. In der Neuübersetzung von Swetlana Geier. Frankfurt a. M. 7. Aufl. 2019.

Harald Dressing ed. alt. (Hg.): MHG Forschungsprojekt »Sexueller
Missbrauch an Minderjährigen durch katholische Priester, Diakone und männliche Ordensangehörige im Bereich der Deutschen
Bischofskonferenz.« Projektbericht. Mannheim, Heidelberg, Gie-
ßen, 24.9.2018. Download: https://www.dbk.de/fileadmin/redak-
tion/diverse_downloads/dossiers_2018/MHG-Studie-gesamt.pdf

Erich Fromm: Die Furcht vor der Freiheit. München 22. Aufl. 2018.

Francis Fukuyama: Das Ende der Geschichte. Wo stehen wir?
München 1992.

Francis Fukuyama: Identität. Wie der Verlust der Würde unsere
Demokratie gefährdet. Hamburg 3. Aufl. 2019.

Herbert Gruhl: Ein Planet wird geplündert. Die Schreckensbilanz unserer Politik. Frankfurt a. M. 1975.

Jürgen Habermas: Auch eine Geschichte der Philosophie. 2 Bände. Berlin 2019.

Tomáš Halík: Theater für Engel. Das Leben als religiöses Experiment. Freiburg 2019.

Georg W. F. Hegel: Enzyklopädie der Philosophischen Wissenschaften im Grundrisse, § 482. Neuausgabe mit einer Biographie des Autors. Hg. v. Karl-Maria Guth. Berlin 2017.

Johannes Herzgsell: Karl Rahners Theologie der Freiheit. Rahner Lecture 2018. Hg. v. Harald Schöndorf und Albert Raffelt. München, Freiburg 2018.

Otfried Höffe: Kritik der Freiheit. Das Grundproblem der Moderne. München 2015.

Max Horkheimer/Theodor W. Adorno: Dialektik der Aufklärung. Philosophische Fragmente. Frankfurt 1988.

Samuel P. Huntington: Kampf der Kulturen. Die Neugestaltung der Weltpolitik im 21. Jahrhundert. München 1998.

Ignatius von Loyola: Die Exerzitien. Übertragen von Hans Urs von Balthasar. Einsiedeln 15. Aufl. 2016.

Immanuel Kant: Werkausgabe. Hg. v. Wilhelm Weischedel. Frankfurt a.M. 1977 ff.

Paul Kirchhof: Beherzte Freiheit. Freiburg 2018.

Theo Kobusch: Wer Großes will, muss sich beschränken können. Vom Wesen des Moralischen. Basel 2018.

Ivan Krastev. Europadämmerung. Ein Essay. Berlin 2017.

Ivan Krastev/Stephen Holmes: Das Licht, das erlosch. Eine Abrechnung. Berlin 2019.

Jörg Lauster: Die Verzauberung der Welt. Eine Kulturgeschichte des Christentums. München 2014.

Reinhard Marx/Helge Wulsdorf: Christliche Sozialethik. Konturen – Prinzipien – Handlungsfelder. Paderborn 2002.

Reinhard Marx: glaube! München 2013.

Reinhard Marx: Glaube und Kirche angesichts einer sich beschleunigenden Moderne: Zur Notwendigkeit einer »aufgeklärten Aufklärung«. In: Heinrich Schmidinger (Hg.): Chancen des Christlichen in einer ökonomisierten Welt. Salzburger Hochschulwochen 2004. Salzburg 2004, 26–51.

Reinhard Marx: Das Kapital. Ein Plädoyer für den Menschen. München 2008.

Reinhard Marx: Ist Kirche anders? Möglichkeiten und Grenzen einer soziologischen Betrachtungsweise. (Abhandlungen zur Sozialethik Bd. 29). Paderborn u. a. 1990.

Reinhard Marx: Kirche überlebt. München 2015.

Johann Baptist Metz: Glaube in Geschichte und Gesellschaft. Studien zu einer praktischen Fundamentaltheologie. Mainz 3. Aufl. 1980.

Jan-Werner Müller: Furcht und Freiheit. Für einen anderen Liberalismus. Frankfurt 2019.

Eckhard Nordhofen: Corpora. Die anarchische Kraft des Monotheismus. Freiburg 2. Aufl. 2019.

Thomas Piketty: Das Kapital im 21. Jahrhundert. München 2014.

Thomas Pröpper: Erlösungsglaube und Freiheitsgeschichte. Eine Skizze zur Soteriologie. München 3. Aufl. 1991.

Thomas Pröpper: Theologische Anthropologie. Band I und II. Freiburg 2011.

Karl Rahner: Frömmigkeit früher und heute. In: Ders.: Schriften zur Theologie. Bd. VII. Einsiedeln 2. Aufl. 1971, 11–31.

Karl Rahner/Herbert Vorgrimmler (Hg.): Kleines Konzilskompendium. Sämtliche Texte des Zweiten Vatikanischen Konzils. 35. Aufl. Freiburg, Basel, Wien 2008.

Marcel Reich-Ranicki (Hg.): Der Kanon. Die Deutsche Literatur. Gedichte. Band 2. Frankfurt a. M. 2005.

Rainer Maria Rilke: Das Stundenbuch. Frankfurt a. M. 1972.

Bernd Roeck: Der Morgen der Welt. Geschichte der Renaissance. München 2. Aufl. 2018.

Heinz Schilling: 1517. Weltgeschichte eines Jahres. München 2017.

Adam Smith: Theorie der ethischen Gefühle. Hamburg 1977.

Adam Smith: Untersuchung über Wesen und Ursachen des Reichtums der Völker. 2 Bde. Düsseldorf 1999.

Charles Taylor: Ein säkulares Zeitalter. Frankfurt a. M. 2009.

Heinrich August Winkler: Geschichte des Westens. Von den Anfängen in der Antike bis zum 20. Jahrhundert. Bd. 1. München 5. durchges. Aufl. 2016.

Hubert Wolf: Es war halt immer schon so. Reformansätze aus historischer Perspektive. In: zur debatte. Themen der Katholischen Akademie in Bayern, 5/2019. München 2019, 2 f.

Abkürzungsverzeichnis

CA Centesimus annus: Enzyklika von Papst Johannes Paul II. 1991.

EG Evangelii Gaudium. Apostolisches Schreiben von Papst Franziskus. 2013.

GS Gaudium et Spes. Pastoralkonstitution des Zweiten Vatikanischen Konzils über die Kirche in der Welt von heute. 7.12.1965.

IL Instrumentum laboris = Vorbereitungsdokument zur Bischofssynode 2018 »Die Jugendlichen, der Glaube und die Berufungsunterscheidung«. 13.1.2017.

LG Lumen Gentium. Dogmatische Konstitution des Zweiten Vatikanischen Konzils über die Kirche. 21.11.1964.

LS Laudato si'. Enzyklika von Papst Franziskus. 2015.

PT Pacem in terris. Enzyklika von Papst Johannes XXIII. 1963.

RN Rerum novarum. Enzyklika von Papst Leo XXIII. 1891.